GÉNÉALOGIE

de la

Famille de Sevin

ÉTABLIE POUR

Madame DE NAUROIS, née DE SEVIN

D'APRÈS DIVERS DOCUMENTS
APPARTENANT A DES FONDS D'ARCHIVES PUBLIQUES, A CELLES DE
M. ARMAND DE SEVIN, BARON DE SEGOUGNAC,
ET QUELQUES EXTRAITS D'OUVRAGES HISTORIQUES.

PARIS

LIBRAIRIE ANCIENNE HONORÉ CHAMPION, ÉDITEUR

5, QUAI MALAQUAIS, 5

1912

GÉNÉALOGIE

DE LA

FAMILLE DE SEVIN

GÉNÉALOGIE

de la

Famille de Sevin

ÉTABLIE POUR

Madame DE NAUROIS, née DE SEVIN

D'APRÈS DIVERS DOCUMENTS
APPARTENANT A DES FONDS D'ARCHIVES PUBLIQUES, A CELLES DE
M. ARMAND DE SEVIN, BARON DE SEGOUGNAC,
ET QUELQUES EXTRAITS D'OUVRAGES HISTORIQUES.

VIRTUS VULNERE VIRESCIT

PARIS

LIBRAIRIE ANCIENNE HONORÉ CHAMPION, ÉDITEUR

5, QUAI MALAQUAIS, 5

--

1912

AVANT-PROPOS

~~~~~~~~~~

La famille de Sevin est fort ancienne et compte, en grand nombre, des hommes qui furent éminents dans l'Eglise, les armées, la magistrature et les finances. Nous avons élagué, dans cet historique, toutes les assertions douteuses qui se trouvent éparses dans différents documents généalogiques : les unes contradictoires, les autres dénuées de toutes bases. Une critique, aussi serrée que possible pour les premiers degrés de filiation, des fort nombreuses pièces du Cabinet des Titres à la Bibliothèque nationale ; de précieux documents provenant des archives de M. Armand de Sevin-Ségougnac, baron de Ferrussac, aujourd'hui chef du nom et des armes de Sevin ; des extraits d'importants passages d'ouvrages historiques, tels ont été les éléments de cette histoire de famille, faite pour Madame Albert de Naurois, née de Sevin. Ce travail a été établi avec Jean-Sevin, qui vivait à Orléans, au commencement du XVe siècle, pour point de départ d'une filiation absolument certaine.

GÉNÉALOGIE SOMMAIRE

DE LA

FAMILLE DE SEVIN

I. — JEAN SEVIN, seigneur de Villeran, de Villepreux, des Bois d'Orgères, avait épousé demoiselle GENEVIÈVE DU MOULIN.

Le partage de leurs biens fut fait, le 18 juillet 1445 [1], entre leurs enfants qui étaient :

II. — 1° JEAN, qui suit ;

2° ETIENNE, auteur de la *Branche de Miramion*, voir page 38.

— JEAN SEVIN, devenu, d'après le partage ci-dessus, seigneur de Villeran, de Villepreux, des Bois d'Orgères, acquit, le 9 juillet 1447 [2], la terre de Villené, entre Orléans et Châteaudun. Sa femme ISABELLE LE LONG, fille de Guillaume Le Long, seigneur de Boispontils, eut ce domaine à la suite du partage, qu'elle et sa sœur Marie firent de leur patrimoine, le 9 novembre 1499 [3]. Les enfants, issus de ce mariage, partagèrent les biens de leur père en 1477 et ceux de leur mère, le 21 octobre 1507. C'étaient :

1. La mention seule de cet acte nous est connue. Le texte lui-même en eut été fort précieux, pour établir sûrement certains de ces premiers degrés de filiation. Cette date si importante se trouve dans une généalogie manuscrite, du Cabinet des Titres à la Bibliothèque Nationale, laquelle paraît être la plus complète et la moins erronée de celles qu'on y trouve.

2. Acte également connu par sa simple mention, comme plus haut.

3. Cet acte (de la même source) précise bien la façon dont la terre des Boispontils entra dans la famille des Sevin et démontre qu'*Isabelle Pizet*, citée par plusieurs généalogies comme dame des Boispontils et femme de Jean Sevin, en 1410, ou bien n'a jamais existé ou se trouve mal placée dans la filiation. Cette dernière hypothèse est la plus admissible, car on a peine à supposer que ce nom n'ait été qu'imaginé, mais elle écarte aussi la possibilité d'un lien quelconque entre cette dame et ce domaine. De plus, l'écart existant de 1410 (date attribuée au mariage d'Isabelle Pizet) à 1507 (date du partage de la succession de la Dame des Boispontils) est la démonstration même qu'Isabelle

III. —   1º JEAN, qui suit ;

2º GUILLAUME, auteur de la *Branche des Boispontils* ;

3º MARIE, femme d'ETIENNE COIGNET, seigneur des Jardins,
à Orléans.

— JEAN SEVIN, seigneur de Villeran, du Moulin, du Pont Saint Maixent
(d'après le partage de 1477), épousa JEANNE DE LA CROIX, laquelle mourut en 1529 et fut inhumée avec son mari à Saint-Médéric de Paris. On
le trouve parfois cité comme procureur au parlement de cette ville, ce
qui explique qu'il avait quitté l'Orléanais pour résider à Paris. Leurs
enfants furent :

IV. —   1º PHILIPPE, qui suit ;

2º MÉDÉRIC, mort sans postérité, ainsi que les trois suivants :

3º ANTOINE ;

4º NICOLAS ;

5º JEAN ;

6º, 7º, 8º, 9º Quatre filles entrées en religion ;

10º ISABELLE, qui épousa, en 1498[1], son cousin RENAUD
SEVIN, de Miramion ;

11º LOUISE, femme de N..... PASTEY.

— PHILIPPE SEVIN, seigneur de Villeran, de Dreuille, du Moulin, du
Pont Maixent, épousa ANNA ANTHONIS, fille de Jacques Anthonis, seigneur de Chennevières, et de Marguerite Jayer, dame de Galande. Il est
à croire que ce Philippe Sevin avait succédé à son père dans sa charge
de procureur au parlement. On trouve en effet, à la date du 5 juillet 1536,

Pizet ne peut vraiment pas avoir été la mère des enfants donnés à Isabeau Le Long par diverses
généalogies.

La première de ces dates permettrait d'admettre Isabelle Pizet, mariée à un Jean Sevin, comme
l'épouse de Jean, cité au 1er degré et, alors, marié deux fois. Sans cela, il faudrait accepter un degré
antérieur formé par Jean de Sevin et Isabelle Pizet. En tout cas, voici la suite des enfants que
l'on prête, en certaines filiations, à Isabelle Pizet, en plus de ceux énumérés plus haut et certainement
issus d'Isabeau de Long : LOUISE SEVIN, femme de N... MONET ; CATHERINE, celle de PIERRE
SÉDILLE ; GILETTE, mariée à N... HOGUET ; N..., mariée à PIERRE GRANGER ; MACÉ, tige de la
Branche de la Voue ; ETIENNE, tige de celle de *Miramion*. — A remarquer que la note 1, qui précède,
élimine ce dernier.

1. D'après cette date, il y a lieu de supposer cette Isabelle, l'aînée des 11 enfants.

un Philippe Sevin, procureur au parlement et autres notables personnages, qui assistèrent « à la Visitation de la Tour Saint-Bernard du Cardinal Lemoyne et autres portes et lieux circonvoisins » (Registres du
Bureau de l'Hôtel de Ville de Paris, t. II, p. 231).

Leurs enfants furent :

V. —   1° PHILIPPE SEVIN, seigneur de Villeran, etc., mort sans
        postérité et dont hérita sa sœur ;

    2° GENEVIÈVE, dame de Villeran, des Bois d'Orgères, de
        Dreuille, qui épousa par contrat du 30 avril 1545,
        CLAUDE MANGOT, avocat au parlement, fils de Jacques
        Mangot, sieur de la Charnière, avocat à Loudun, et de
        Renée Le Fèvre.

Branche des Boispontils

III. — GUILLAUME SEVIN, seigneur de Boispontils, d'après les partages de 1477 et de 1507, épousa MARIE GRANGER, ou GRANGIER, dame de la Gohière. Ils eurent comme enfants :

IV. —   1° JACQUES, qui suivra ;

2° GUILLAUME, seigneur des Boispontils, après le partage du 4 décembre 1540 et par la cession de leurs parts que lui firent son frère Jacques et sa sœur Marie, les 13 mai et 14 novembre 1541. Il prit possession de ce domaine le 6 novembre 1545 [1] ;

3° CHARLES, sieur de Lasse, homme d'armes de la compagnie de M. le Connétable, cité avec ces simples détails et exclusivement dans la même généalogie ;

4° JEANNE, dame de la Gohière, mariée à NICOLAS COURTIN, conseigneur de Neuville, notaire au Châtelet d'Orléans en 1520 et 1542 ;

5° MARIE, femme de BARTHÉLEMY PINET, lequel reçut, le 18 novembre 1530, à titre de rente, de son beau-frère la moitié du domaine des Boispontils, moitié qui fut plus tard cédée à Guillaume Sevin, ainsi qu'il vient d'être dit ;

(?) 6° MATHIEU, cité exclusivement dans le testament du chanoine Guillaume Sevin, fils de Jacques, comme *son oncle*, dont lui et ses frères avaient hérité, sans toutefois qu'il soit spécifié qu'il était oncle paternel ou maternel.

---

1. Il n'est rien ajouté de plus sur ce Guillaume. Serait-il mort avec ou sans postérité ? Si la filiation des Branches de Bandeville et de Quincy ne devait pas se rattacher à la souche par Macé Sevin, ainsi qu'il y a eu lieu de le croire, ce serait par ce Guillaume que la jonction aurait pu se faire comme le voudraient certains fragments généalogiques sans grande portée et malgré de bien grandes difficultés d'ordre chronologique.

— JACQUES SEVIN, né en 1469 (puisque dans une donation à son fils en 1559, il se dit âgé de 90 ans), céda la moitié du domaine des Boispontils, qui lui avait été attribuée pour sa part du patrimoine [1]. Il eut également la terre de Villené, pour laquelle nous trouvons 3 actes d'hommage. C'est la seule qu'il conserva, s'étant dépouillé de tous ses autres intérêts dans le Nord. Le dernier des actes d'hommage, dont il vient d'être parlé, indique l'époque de la mort de Jacques. Il est du 12 novembre 1560 et dit : « Noble homme Me Guillaume Sevin, chanoine de l'Eglise cathédrale d'Agen, tant en son nom que de Me Herman Sevin, seigneur de la Garde, président et juge mage d'Agenois, Pierre Sevin, conseiller du roy en sa cour de parlement de Bourdeaux, et demoiselle Gilette Sevin, ses frères et sœur » rendit hommage, « pour des héritages assis au lieu de Villené, en Beausse, mouvants de la seigneurie de ce lieu en plein fief, à une foi, homage, rachat quint denier et cheval de service, à noble Demoiselle Marie Molé, veuve de noble homme Jean Gaucheri, vivant seigneur de Villené et de Grand champ, conseiller, notaire et secrétaire du roi, et ayant la garde noble de ses enfans. » (*Courtilier* et *Jamart, notaires au Châtelet de Paris.* — Dossiers bleus, 614, fol. 23.)

Jacques Sevin reçut, le 4 septembre 1508, du roi Louis XII des lettres-patentes le nommant juge-mage d'Agen et président en la sénéchaussée d'Agenais et Gascogne. Il prêta serment le 20 novembre suivant pour cette charge, occupée avant lui par feu Me Pierre Torty, devant les Consuls d'Agen. François Ier l'y confirma et, par de nouvelles lettres du 12 septembre 1540, lui accorda la faveur de l'exercer avec son fils Hermand, avec survivance garantie à ce dernier. Ces dernières lettres furent elles-mêmes confirmées par celles du roi Henri II, du 28 juillet 1547.

Le 3 mars 1548, « honorables et nobles messieurs Xans et Robert de Godail, père et fils, trésoriers de France en Agenais, vendirent à honorable Mr Me Jacques Sevin, juge mage en la sénéchaussée d'Agen et Gascogne, les boriages de *Pélissié* et de *Lespinasse* avec leurs dépendances pour 700 doubles ducats, 28 ducats et 700 écus sol, faisant 5.000 l. tournois. »

---

1. L'acte de ce partage ne nous est connu que par sa date. La filiation donnée par la généalogie, que j'ai admise jusqu'à ce degré à cause de sa documentation et de sa vraisemblance, devient suspecte en attribuant à Jacques la seigneurie de la Vove, au pays de Dunois et fief du Comté de ce nom, fait qui est certainement inexact.

Le 28 février 1555, il fit donation à son fils Pierre, conseiller au parlement de Bordeaux, absent, du domaine de Pélissié et de ses dépendances, sis au bord de la Garonne en la juridiction d'Agen, en en conservant l'usufruit et en nommant, pour son procureur en cette donation, son autre fils Hermand (*Demons, notaire royal d'Agen*).

Le dernier de février et 16 mars 1557, Mr Me Jacques Sevin figure sur le rôle de la noblesse d'Agenais (*Archives de Sevin-Segougnac*).

Le 20 septembre 1559, *Antoine Sarrasin, notaire royal d'Agen*, recevait l'acte de donation de « noble et honorable monsieur Me Jacques Sevin, seigneur de Villené, conseiller du Roy. . . . . à son fils noble honorable monsieur Me Hermand Sevin, conseiller du Roy, juge mage et président. . . . . de la maison noble, terre et seigneurie *de la Garde*, ses appartenances, boriage, rentes, etc , assis dans les juridictions de Puymirol et Castelcuilher », en faveur de son mariage avec demoiselle Anne de Gélinard, en comprenant dans la donation les meubles se trouvant dans sa maison d'Agen, située sur la paroisse de Saint-Hilaire.

Mais la mort de Jacques étant survenue, ses enfants transigèrent, le 9 novembre 1561, pardevant *Antoine Sarrasin et Jehan Goute, notaires royaux d'Agen*, relativement à son hérédité. Pierre et Hermand déclarèrent se contenter de ce que leur père leur avait donné directement, tandis que Guillaume et Gilette procédèrent à divers accords pour bien définir leurs portions. Jacques s'était marié deux fois : 1° avec JEANNE DE COESME, de Paris, mère de ses fils ; 2° avec MARIE ROUSSEAU, de laquelle naquit une fille.

V. —   1° GUILLAUME, chanoine de l'église cathédrale d'Agen, héritier par substitution de son second frère, après le meurtre de son neveu, testa, le 28 août 1571, pardevant *Antoine Sarrasin, notaire d'Agen*. Par cet acte, il déclare vouloir être inhumé avec ses père et mère et fait divers legs à sa sœur et aux enfants de celle-ci, mais à l'expresse condition de ne faire aucune réclamation à ses héritiers sur les hoiries de leur père, de leur mère et de leur oncle Mathieu. Il laisse à son frère Hermand, en préciput, sa portion de la maison paternelle d'Agen, le nomme ainsi que son frère Pierre, héritier, chacun par moitié, de tous ses biens et en leur substituant à chacun leurs propres enfants. Il laisse enfin à sa belle-sœur, femme d'Hermand, « une « double portugaise et une bague d'or, en laquelle « sont enchâssés un diamant et cinq perles, ensemble « deux mil escus sol. »

Le 20 janvier suivant, le même notaire recevait du chanoine un codicille laissant à Hermand tout ce qui lui était advenu de son frère Thomas et de son neveu Jacques, ainsi que la maison paternelle d'Agen en entier, qu'il possédait d'après un accord avec ses deux frères [1];

2° THOMAS, qui suit;

3° HERMAND, qui suivra après son frère;

4° PIERRE, auteur de la *Branche de Mansencal*, page 33;

5° GILETTE, sœur consanguine des précédents. Ses frères, Hermand et Pierre, ayant renoncé à tout partage d'hoirie paternelle à la suite des donations entre vifs qu'ils avaient reçues, elle partagea avec son frère Guillaume et reçut un tiers de l'héritage, le chanoine ayant droit aux deux autres tiers, l'un en son nom et l'autre comme substitué aux droits de Thomas. Elle épousa ROBERT DE GODAILH, trésorier de France à Agen, et en eut plusieurs enfants .

— THOMAS DE SEVIN, trésorier d'Albret, revêtu de cette charge, quand il fut consul d'Agen en 1539. [*Liste des consuls d'Agen de 1516 à 1634.* — Arch. Sevin], mourut avant son père. Avec l'assentiment de ce dernier, il avait pris des dispositions testamentaires en faveur de son fils, auquel il substituait pour cette hoirie ses frères successivement et par ordre de primogéniture. Les preuves de ce que son père lui avait donné, ainsi qu'il l'avait fait pour ses autres enfants, disparurent, lors d'un drame, auquel

1. Son prénom fut appliqué, sans la moindre raison, à chacun de ses deux frères, dans divers fragments historiques. Cette confusion lui faisait un rôle tout différent de celui qu'il s'était réservé, en se consacrant au service de Dieu exclusivement et en poursuivant devant toutes les cours de justice du royaume la vengeance de l'assassinat de son neveu.

les parents des Sevin et la rumeur publique n'hésitèrent pas à attribuer cette disparition.

Thomas avait épousé une femme, dont le nom a été laissé en blanc[1] dans l' « *Adviz pour la maison de Sevin* », précieux et unique document, conservé dans les archives de la famille, qui a transmis jusqu'à nos jours les détails d'un crime monstrueux et des larcins qui en furent la suite. Peu après la mort de Thomas, sa veuve se remaria avec un conseiller au parlement de Bordeaux, M' M' Massiot, à l'instigation duquel, s'il n'en donna pas l'ordre formel, Jacques, fils unique de Thomas, fut assassiné auprès de Marmande, à l'âge de 18 ou 20 ans au plus. Aussitôt après le meurtre de cet infortuné, son oncle Guillaume recueillit la succession de tous les biens de son frère et de son neveu et poursuivit avec une légitime ardeur la vengeance de ce crime odieux. L'honneur d'un magistrat se trouvait fort compromis : la Cour de Bordeaux d'abord, puis les autres parlements, sans se solidariser cyniquement avec lui, démontrèrent pour ainsi dire sa culpabilité, en opposant la force d'inertie aux démarches et aux efforts de Guillaume de Sevin. On espérait que le temps écoulé, les frais inutiles des procédures successives, la lassitude enfin auraient raison de son acharnement. Le chanoine mourut en 1572, au moment où, malgré tout, les atermoiements du parlement étaient devenus impossibles et avaient même aggravé la situation du coupable universellement soupçonné. Pour combler son bonheur, Massiot voyait mourir dans cette même année 1572, Hermand et Pierre, les deux frères survivants de Guillaume, et pendant l'année suivante, la veuve d'Hermand. Il n'avait plus devant lui, après cette coïncidence au moins fort heureuse pour lui de quatre accusateurs disparus, deux orphelins enfants, auxquels la prudence et la prévoyance de ses amis allaient donner de bien étranges tuteurs.

— HERMAND DE SEVIN, seigneur de la Garde, juge-mage d'Agen et président en la sénéchaussée d'Agenais et Gascogne, joua un rôle fort important dans la région.

D'après « *les Chroniques du parlement de Bordeaux* » de Jehan Métivier, t. I, p. 358, le 20 décembre 1540, « M' Herman Sevin a presté serment de

1. Une demoiselle DE ROBERT.

« l'office de juge mage d'Agenois, duquel il a esté pourveu par le Roi à
« la survivance de son père, moiennant ce que de deux ans ledit Her-
« mand Sevin ne pourra juger aucun procès, si petits soient-ils, sans
« appeller le lieutenant particulier ou en son absence le plus fameux
« des conseillers en ladite sénéchaussée, et, les deux ans escheus, jouira
« de l'office de juge mage suivant l'arrest donné au Conseil. Aussi a esté ·
« dit que, quand le père et le fils seront l'un et l'autre en commission à
« cause de l'office, celui qui demeurera ne pourra cependant tenir et expé-
« dier. » Cet arrêt est utile à noter, car il réglementait une situation, jusqu'alors sans précédent et flatteur par conséquent ¡our les titulaires. Dans
son étude : « La ville d'Agen pendant les guerres de religion », M. Tholin
donne une intéressante esquisse du rôle d'Hermand de Sevin : « ... Au
« zèle parfois exagéré des consuls le présidial opposa souvent une inertie
« calculée ou une neutralité bienveillante pour les protestants. Il fut
« lui-même très divisé : quelques magistrats, surtout dans les premiers
« troubles, firent tout leur devoir, d'autres furent gagnés à la Réforme. Il
« y eut comme deux factions avec leurs chefs : Antoine Tholon, d'une
« part, et le juge mage, de l'autre. Le premier se montra empressé de
« seconder l'action du Parlement de Bordeaux, qui, dès l'année 1556,
« poursuivait les religionnaires. Il fit partie de la commission, qui, au
« mois de mai 1560, interrogea le ministre Fontaine; il s'associa aux
« consuls pour étendre l'enquête à d'autres inculpés. Ces preuves de zèle
« lui valurent des lettres de félicitations du roi, du duc de Guise et du
« Cardinal de Lorraine. Il rédigea avec conscience le procès verbal du pil-
« lage des églises d'Agen dans la journée du 1er décembre 1561.

« Son adversaire, le juge mage et président Hermand de Sevin, avait
« favorisé les protestants, même avant les troubles; et pour ce fait, le
« parlement l'avait condamné à cent livres d'amende. Il composa un
« rapport fort habile sur la Prise d'Agen par les Huguenots en 1562 (publié
« en 1882, Revue de l'Agenais, IX), atténuant la gravité des excès qui
« furent alors commis. Il sut d'ailleurs fort bien jouer son rôle dans les
« circonstances critiques, qu'il nous a lui-même exposées; il se prêta à
« subir une détention à l'évêché avec les Consuls, et, pour se dégager
« de la bagarre, il attendit les derniers jours. La réaction terrible qui
« suivit le passage de Monluc ne le déconcerta pas. Il se mit « presque
« toujours en picques et contentions » avec les consuls, cherchant à

2

« avoir « le maniement de tout, sans soy contenter de sa justice »,
« intrigant, semant partout la discorde.

« Ses menées réussissaient à assurer « l'inaction des officiers du roy de
« lad. ville d'Agen et mesmes des conseillers et autres officiers royaulx,
« par le moyen desquelz le peuple auroit esté eslevé en la sédition. »
« Il dissimulait les crimes commis « par ceulx de lad. novelle religion
« en tout ce qu'il pouvoyt, de sorte qu'il est tenu en commune voix en
« lad. ville d'Agen et seneschaussée d'Agenois que lad. dissimulation
« et connivance sont cause de la ruyne de ce pays et que ceulx de la
« nouvelle religion ont prins cueur et audasse de faire ce qu'ilz ont
« fait ».

« La paix d'Amboise (19 mars 1563) vint en aide au président, qui
« cessa de feindre et prit l'offensive. Il partit pour la Cour, afin d'y
« poursuivre la réunion à sa charge de l'office de lieutenant-criminel :
« moyen peu déguisé de se débarrasser de son rival Tholon. Il eut
« même l'audace de viser et de frapper plus haut. Sous prétexte de
« raffermir l'autorité de Monluc, qu'il prétendait être mal respectée, il
« tenta de battre en brèche ce lieutenant du roi ; de plus, il dénonça
« comme une prise d'armes en violation de la paix les mesures édictées
« par Monluc pour assurer la garde de la ville d'Agen.

« Toutes ces intrigues furent dévoilées dans une assemblée des trois
« états d'Agenais, convoqués par Monluc lui-même, à la fin de
« juin 1563. Thibault, consul d'Agen, député vers le roi par cette
« assemblée, fut chargé de lui faire connaître toute la vérité et de
« détruire dans son esprit l'effet des fausses allégations du juge-mage.
« Il devait insister vivement pour le maintien de l'office de lieutenant
« criminel aux mains de Tholon et même de poursuivre la destitution du
« président.

« Cette dernière requête ne fut pas admise, mais Herman de Sevin,
« remis à sa place, fut obligé d'observer désormais une plus grande
« réserve. Quelque passages des Commentaires accusent l'animosité de
« Monluc contre le président [t. II, p. 450; t. III, p. 475]. Nous jugeons
« encore mieux par les documents qui viennent d'être cités, combien
« dût être vive la lutte de l'homme d'épée contre l'homme de robe et
« quelle part eut ce dernier dans les événements. Les charges accumulées
« contre ce magistrat sont-elles suffisantes pour faire condamner sa

« mémoire ? Ces témoignages nous viennent de catholiques militants.
« Souvenons-nous que tous les modérés étaient alors tenus en pareille
« suspicion. Michel de l'Hopital, lui-même, s'il eût été à la place d'Her-
« man de Sevin, n'aurait pas échappé à ces critiques. Peut-être eut-il pro-
« testé plus haut contre les façons, dont on rendait alors la justice... »

Il a été dit qu'Hermand reçut une donation entre vifs de son père,
le 20 septembre 1559, à l'occasion de son mariage avec demoiselle ANNE
DE GÉLINARD [1]. Ce mariage eut lieu sans doute, mais on ne trouve point
d'autre trace de cette dame, et il est à croire qu'elle ne vécut pas
longtemps. Hermand épousa demoiselle FRANÇOISE DE RAMS, dont il eut
des enfants. Le 30 juillet 1572, il faisait son testament devant *Jean
Goules, notaire d'Agen*. Il laissait d'abord différents legs : à son frère
Pierre, à son neveu Hermand et à ses filles, et désignait pour son
héritier universel son fils Guillaume, lui substituant successivement ses
deux filles, puis son frère et sa veuve, ceux-ci par moitié. Il priait ensuite
sa femme de mettre fin aux difficultés, survenues entre eux et son frère
Pierre, à l'occasion du legs de 2.000 écus sol qu'elle avait reçu du
chanoine Guillaume. Ainsi qu'il avait été convenu par une transaction
de la veille, 29 juillet, reçu par *J. Goutes, notaire*, il lui demandait
l'abandon de cette somme à leurs enfants et à Pierre, sans quoi sondit
frère recevrait de lui-même 1200 écus sol. Il fut inhumé dans l'église des
Frères Cordeliers d'Agen, comme le dit le testament de sa veuve [2] retenu
le 15 août 1573 par *Biet notaire royal d'Agen*. Elle demandait d'être
inhumée avec son mari, faisait divers legs à ses filles et à d'autres
personnes et nommait son fils pour héritier universel. Elle laissa trois
enfants en bas-âge, qui eurent pour tuteur un proche parent de leur
mère, Me Florimond de Redon, lieutenant au siège présidial d'Agen.
Celui-ci se montra peu digne de la mission protectrice qui lui incombait
par le fait de sa tutelle, car il mit tout en œuvre pour nuire aux intérêts
de son pupille Guillaume de Sevin. Le cousin germain de ce dernier,
Hermand de Sevin, âgé de 10 ans seulement au moment du meurtre
de Pierre son père, avait été pourvu de deux tuteurs : à Bordeaux,
René de Cazaux, avocat du roi en Guienne et son oncle maternel, à

---

1. Fille de Mᵉ Mᵉ GUILLAUME DE GÉLINARD, sieur de Maleville, maître des comptes.
2. L'*Adviz pour la maison de Sevin* établit qu'elle mourut pendant l'année qui suivit le décès de
son mari, c'est-à-dire en 1573, (à la fin).

Agen, Louis de Godailh, conseiller au présidial de cette ville, son
cousin germain. Ce dernier s'était pour ainsi dire imposé et prit une
part encore plus odieuse que R. de Cazaux à la spoliation de son pupille.
Il était en effet sur place, et il s'agissait pour ces deux tuteurs infidèles
de « tenir en bride » les deux cousins pour les empêcher de reven-
diquer leur part de succession de leur oncle Thomas et de poursuivre
le procès Massiot. Après « quelques picques entre eulx », au début des
machinations inavouables, Redon et Godailh finirent par s'entendre et
commencèrent l'inventaire des biens revenant aux orphelins. Puis
Godailh, exaspéré de ce que son complice avait tout accaparé et se refusait
à la moindre communication, se plaignit hautement. Il était bien convenu
entre eux que les pièces de l'hérédité du chanoine Guillaume seraient
séparées des autres pour n'être inventoriées qu'après un triage qui
servirait à soustraire au moins les titres ayant une valeur pour la
reprise des poursuites contre Massiot. Godailh protestait, au nom de
l'égalité de leurs droits, contre les procédés d'indélicatesse de Redon,
qui ne voulait lui soumettre que des documents sans importance. Il
récriminait aussi contre la longueur de cet inventaire, qui, commencé
le 20 novembre 1573, ne fut terminé en effet que le 15 juin 1575.
Quand cet inventaire fut enfin présenté, il ne contenait mention d'aucun
des titres principaux dans les relevés de chacun des trois successions,
pas plus que la moindre pièce relative à l'assassinat de Jacques. Redon
n'avait pas pris la précaution de remplacer ces pièces, que tout le
monde savait devoir s'y trouver, par des documents insignifiants. Godailh
et Cazaux étaient morts auparavant ; et leurs griefs personnels d'amour
propre n'étaient plus une menace pour Redon, en même temps qu'une
sauvegarde pour les intérêts des orphelins.

Les enfants d'Hermand de Sevin et de Françoise de Rams étaient :

VI. —   1° GUILLAUME, qui suit
           2° CHARLOTTE, mariée par contrat du 20 avril 1583, passé
              par devant *Jeban de la Ville, notaire royal de Bordeaux*,
              à JEAN DE MALVIN, Seigneur de Primet. Elle testa le
              18 avril 1638 ; lui l'avait fait le 15 novembre 1610.
           3° GILETTE, qui épousa PIERRE DE SAUVAGE, conseiller
              au Grand Conseil.

— Noble Guillaume de Sevin, seigneur de Lagarde et de Villené, écuyer, figura sur le rôle des nobles de la sénéchaussée d'Agen, sujets au service militaire et convoqués dans cette ville, le 5 juin 1573[1]. Il fut consul d'Agen en 1604. Se résidence était à Saint-Pastou, en Agenais, quand, le 23 mars 1594, il fit un échange[2], contre des rentes, avec demoiselle Antoinette Le Rebours, veuve de feu noble homme Me François Sevin, président des comptes, des « lieu, fief, terre et seigneurie de Villené, paroisse d'Orgères, près de Villepion, tenue à foi et hommage. »

Le 27 janvier 1587. *Antoine Fabre, notaire royal d'Agen*, retenait son contrat de mariage avec demoiselle Antoinette de Rams, fille de noble Guillaume de Rams, écuyer, seigneur de la Perche, de la Court, de la Barthe, Conseigneur de Plaisance, et de demoiselle Antoinette de Gandilhac. Cette dame mourut après avoir testé le 13 janvier 1608 (*Jacques Philippes, notaire royal d'Agen*). Le 30 juillet suivant, par contrat retenu par le même notaire, Guillaume de Sevin se remaria avec demoiselle Nicole de Vaurs[3], veuve de Gérauld Gardès, bourgeois d'Agen, et fille de noble... de Vaurs et de Catherine de Vigier. Elle testa le 15 novembre 1644.

Le 11 juillet 1614, *Louis Monier, notaire royal d'Agen*, ouvrit après la mort du sieur de la Garde, le testament que celui-ci lui avait remis trois jours auparavant. Dans cet acte, le testateur prescrit sa sépulture dans le tombeau de ses prédécesseurs en l'église conventuelle des Franciscains de la ville. Il rappelle qu'il avait acquis la métairie de *Callot* de Guillaume Auzillié, écuyer, du lieu de Montesquieu. Puis, après avoir énuméré les charges provenant de l'hérédité de son aïeul, de ses père et mère et de son oncle Guillaume, et après avoir désigné pour son héritier universel son fils aîné Jean, il lui substitue le puîné Hermand, en cas de refus de ces charges, et laisse 2000 livres tournois à celui des deux qui ne sera point l'héritie. universel. Il lègue 3000 livres à son dernier fils Jean ; à sa fille religieuse, sa dot, pour le jour de sa profession ; aux autres filles, mariées, le complément promis pour leurs dots.

Ses enfants étaient :

1. Il dût être représenté à cette assemblée, à cause de sa minorité.
2. L'acte fut retenu par *Aulbin et Denet, notaires à Tours*.
3. L'hôtel de Vaurs, à Agen, est le musée actuel de la ville.

VII. — Du premier lit : 1º Jean, qui suit,

2º Hermand, qui suivra après son frère,

3º Antoinette, religieuse au couvent de Paradis, (de l'ordre de Fontevrault), dont la profession se fit le 16 mai 1717.

4º Suzanne, mariée avec noble Jean-Pierre de Mesmes, écuyer, seigneur de Garain, habitant en 1617 à Mont-de-Marsan, par contrat du 16 août 1613.

5º Marguerite, née en 1587, c'est-à-dire l'aînée de tous les enfants, mariée, 1º par contrat du 19 mars 1610, à messire Jacob de Secondat, Seigneur et baron de Montesquieu, gentilhomme de la Chambre du roi de Navarre, chevalier de l'ordre du roi, né en 1576, mort à Agen en 1619; 2º par contrat du 5 février 1633, à Messire Joseph du Bernet, premier président au parlement à Bordeaux. Elle fit un testament olographe le 20 septembre 1628.

Du 2ᵉ lit : 6º Jean, entré en religion dans la Compagnie de Jésus, mort à Agen, le 26 juillet 1680.

— Jean de Sevin, Seigneur de la Garde et de Beauregard, avocat au parlement de Bordeaux, fit une transaction avec dame Nicole de Vaurs, le 16 avril 1616 et ne vivait plus le 11 avril 1617. Il n'eut qu'une fille unique de son mariage avec demoiselle Jeanne d'Hallot, fille de Claude d'Hallot, conseiller secrétaire et trésorier du Roi, et de Rose Soulaberry.

VII. Antoinette, mariée avec Martial de Bordes.

— Hermand de Sevin, d'abord prieur de Saint-Antoine, n'avait pas 25 ans à la mort de son père. Il fut substitué, par la mort de son frère aîné, à l'hérédité paternelle et épousa, par contrat du 19 juillet 1624 par devant *A. Mausacré, notaire royal d'Agen*, demoiselle Jeanne Dupin de Ganet, fille de feu noble Sanx Dupin, seigneur de Ganet, et de demoiselle Diane de Pescille. Sa femme était devenue, par la mort de son frère chevalier de Malte, le dernier représentant d'une maison de grande noblesse de Gascogne. Les deux époux firent un testament mutuel, le 10 mai 1648. Le 5 février 1675, ayant perdu sa femme et son fils aîné, Hermand fit un testament olographe, indiquant sa sépulture aux Jacobins d'Agen avec sa femme, et déplorant les différend survenus entre les enfants de son fils aîné, et leur oncle Charles, son second fils, qu'il nomme son héritier universel. Il mourut le 27 juillet 1677, ayant eu pour enfants :

VIII. — 1º JEAN-FRANÇOIS, qui suit,

2º CHARLES, auteur de la *Branche du Pécile*,

3º MARIE-GABRIELLE, mariée, par contrat du 21 décembr
1654, à PIERRE DE LATOUR, seigneur de Fontirou.

4º NICOLE, la première religieuse du monastère de l
Visitation d'Agen ; elle fit, en entrant au Couven
un contrat de disposition pour ses biens, le 24 d
cembre 1642 (*Mausacré, not. d'Agen*).

5º JEAN-CHRYSOSTÔME.

— JEAN-FRANÇOIS DE SEVIN, Seigneur de Ganet, baron de Segougna
mourut en 1671. Il avait épousé, par contrat du 18 juin 1647, reten
par *Mausacré, notaire royal d'Agen*, demoiselle ANNE DE REDON, dam
de Talives [1], fille de feu noble Jean de Redon, vice-sénéchal d'Agen et d
demoiselle Marie de Broquières de Mozières, alors remariée avec nob
Armand de Godail, Sr. d'Arosse. Anne de Redon transigea le 24 jan
vier 1671 avec son beau-père au sujet d'un accord antérieur fait ent
eux, pour un emprunt que le dernier lui avait fait. Elle fit un test
ment olographe, le 9 mars 1707. Leurs enfants furent :

IX. — 1º ARMAND, qui suit,

2º JEAN-CHRYSOSTOME, prêtre et chanoine d'Agen, qui
21 avril 1695, fit avec le suivant un testament mutue
(*Grayjas, not. d'Agen*).

3º HERMAND-JOSEPH, né le 28 avril 1651, prieur de Sai
Pierre de Lausson, puis curé, archiprêtre et chanoi
d'Agen, vicaire général du diocèse.

4º MARIE, qui épousa noble LOUIS DE PATRAS, Seigneur
Campaigno [2], et dut mourir jeune sans laisser d'enfan

1. Elle apporta cette seigneurie aux Sevin.

2. C'est la seule des petits-enfants d'Hermand ici mentionnés, que celui-ci ne cite pas dans s
testament de 1675.

5° MARGUERITE, mariée avec noble PIERRE DE BALZAC
   DE LARROQUE, seigneur de Camen, écuyer, et déjà
   veuve et fixée sur la paroisse Saint-Sixte en la juridiction de Dunes en Condomois, le 25 mars 1700.
6° ANTOINETTE, qui épousa, par contrat du 14 novembre
   1678, M. Me MARC-ANTOINE DE LACUÉE, conseiller du
   roi et magistrat au siège présidial d'Agen, fils de
   feu M. Me Jean de Lacuée, conseiller audit siège, et
   de demoiselle Serène de Bressolles.

— ARMAND DE SEVIN, seigneur de Ganet, etc., épousa, le 10 février
1671 (contrat passé devant *Cruzel, notaire royal d'Agen*, les 25 janvier
et 9 février) demoiselle ELÉONORE DE SARRAU, fille de noble Jean de
Sarrau et de demoiselle Serène de Boudon de Saint-Amans[1]. Il fut tué
le 15 mars 1679, par le sieur de Brimont. Sa veuve poursuivit le meur-
trier devant le lieutenant-criminel d'Agen, et obtint contre lui un
arrêt le condamnant par défaut à mort et à 10000 livres de dommages
et intérêts. M. de Brimont obtint des lettres de grâce et un arrêt du
parlement de Bordeaux pour leur entérinement. En outre, les dommages
étaient réduits à 7000 livres, dont 5000 livres pour les enfants et
2000 livres pour la veuve. Mais entre l'arrêt et le drame familial deux
enfants étaient morts, et leur part était revendiquée par leur mère,
d'une part, et par ses autres enfants de l'autre. Anne de Redon était
nommée la tutrice de ses petits-enfants et prêta serment en cette
qualité devant le juge mage d'Agen, Pierre de Coquet, le 19 août 1689,
après que sa belle-fille eut renoncé à l'administration de leurs biens
et rendu ses comptes. Enfin, un parent de la famille, M. Me Pierre de
Bordes, conseiller du roi et lieutenant particulier au présidial, offrit
ses bons services pour mettre .fin, par un arbitrage, à ces pénibles
divisions. Pour les 7000 livres reçues, Eléonore de Sarrau avait engagé
à sa belle-mère 6000 livres en rente constituée, en délaissant la jouissance du domaine de Castel du Hâ[2]. Elle mourut à la fin de l'année 1696.

1. Témoins du mari : son aïeul Hermand de Sevin, sa mère Anne de Redon, son aïeule maternelle Marie de Broquières et son oncle, le capitaine de Sevin. Ceux de la femme : son père Jean de
Sarrau, receveur des consignations d'Agenais et de Condomois, sa mère, ses oncles paternels nobles
Jacob de Sarrau et Emmanuel de Timbrone, son aïeule maternelle dame Serène de Mellet.
2. Une estimation des biens de famille fut faite alors et semble intéressante pour leur valeur

De son mariage étaient nés :

X. —   1º ARMAND, sui suit.

2º PAUL-ROBERT, officier d'infanterie, chevalier de Saint-Louis.

3º JEAN-CHRYSOSTÔME, capitaine au régiment de Cotentin, chevalier de Saint-Louis, héritier du précédent, du 11 janvier 1706, et qui transigea à ce sujet avec son frère aîné, le 18 février 1711 (*Fabe, notaire royal d'Agen*).

4º MARIE, née en 1683, religieuse de l'Annonciade à Agen.

5º PAULE, mariée, le 27 novembre 1693, à JOSEPH BESSIÈRES, conseiller au siège présidial d'Agen.

6º et 7º Deux enfants morts jeunes.

— ARMAND DE SEVIN, seigneur de Ganet et de Talives, baron de Ségougnac, épousa, par contrat du 18 janvier 1694, demoiselle ANNE D'HALLOT, fille de feu Messire Florimond d'Hallot, seigneur de Castille et de Lamothe, gentilhomme ordinaire de la chambre du roi, et de demoiselle Marguerite-Foy de Faure. Ils firent un testament mutuel, le 23 février 1726, suivi d'un second, au 6 novembre 1729.

Leurs enfants furent :

XI. —   1º JEAN-CHRYSOSTÔME, qui suit.

2º ARMAND-JOSEPH, sieur de Lamothe Teste, mort sans avoir eu d'enfants de son mariage, contracté, en novembre 1753 [1], avec demoiselle MARGUERITE DE LA TOUR DE FONTIROU, fille de feu Pierre de la Tour, seigneur de Fontirou, et de Marie de Gardès. Il testa le 8 janvier 1789 (*Roulliès, not. royal d'Agen*) et mourut le 4 janvier 1791 ; elle avait testé le 20 mars 1775 (même notaire) et était décédée le 14 août 1780.

relative du moment : Domaine de *Ganet*, 13.000 livr.; domaine du *Castel du Hd*, près Sérignac-en-Bruillois, 9.000 livr.; maison d'Agen (charges défalquées), 2.000 livr.; seigneurie de *Ségougnac* et domaine d'*Estrade*, 17.700 livr.; domaine de *Talives*, 15.000 livr.

1. Contrat du 6 septembre 1753 par *Barènes, notaire royal d'Agen*.

3° N...., religieuse à la Visitation.

4° N...., religieuse du Tiers Ordre de Saint-François à Agen.

5° ANNE, qui épousa, en 1722, THÉODORE DE FERRAND, seigneur de la Lande, écuyer.

— JEAN-CHRYSOSTÔME DE SEVIN, seigneur de Ganet, de Talives, de Lamothe d'Hallot, baron de Ségougnac, épousa, par contrat du 19 avril 1719 (*Fabert, notaire royal*) demoiselle THÉRÈSE DE MONYÉ [1], fille de noble Henry de Monyé, sieur de Bonnel, et de feue Françoise de Boyer. Dans son testament du 16 juin 1761, il dit avoir un fils et trois filles vivants. Sa femme testa le 30 mars 1765. Leurs enfants étaient :

XII. —   1° ARMAND-JOSEPH, qui suit.

2° ANNE-ELISABETH, religieuse au couvent de Notre-Dame à Agen.

3° ANTOINETTE, mariée par contrat du 19 août 1746 (*Barènes, notaire royal d'Agen*) avec CLAUDE-JOSEPH DE RANGOUSE, fils de Jean de Rangouse, seigneur de Beauregard et de demoiselle Foy d'Hallot.

4° ANTOINETTE-THÉRÈSE, qui épousa, par contrat du 20 mai 1755 (*Barènes, not. d'Agen*) JÉRÔME DE BAILLET DE FLORENSAC.

— ARMAND-JOSEPH DE SEVIN, seigneur de Ganet, de Talives, de Lamothe d'Hallot, de Latuque, baron de Ségougnac, transigea avec ses sœurs le 6 juillet 1767. Il épousa, par contrat du 8 juillet 1755 (*Barènes, notaire royal*) et le lendemain à l'église, demoiselle SERÈNE DE BONOT, baronne de Lespiasse et de Latuque, fille de messire Hercule de Bonot de Latuque, baron de Lespiasse, et de demoiselle Marguerite de Bergües d'Escalup. Il fit à Agen, le 15 octobre 1785, un testament souscrit chez *Fabe, notaire royal*, le 22 du même mois.

Ses enfants furent :

XIII. —   1° JEAN-CHRISOSTÔME, qui suit.

2° PIERRE-FRANÇOIS-THÉRÈSE-XAVIER, qui suivra, page **27**.

_____

1. MONYÉ, *alias* MONIÉ.

3° PIERRE-PHÉBADE, auteur de la *Branche de Talives*, p. 29.

4° JEAN-CHRYSOSTÔME-DULCIDE, né le 15 octobre 1771, reçu chevalier de Malte de minorité le 2 novembre 1773, mort à Malte à la suite d'un duel.

5° ARMANDE-JOSÈPHE, née le 10 novembre 1759, morte sans alliance.

6° MARIE-THÉRÈSE, née le 28 février 1766 et qui épousa messire JEAN-HENRI DE SAINT-GILIS, seigneur de Castres et de Martel, lieutenant dans Bussy-Cavalerie.

— JEAN-CHRYSOSTÔME DE SEVIN, seigneur de Ganet, de Lamothe d'Hallot, de Latuque, de Fontirou, baron de Ségougnac, né le 24 octobre 1756, fut baptisé à Saint-Hilaire d'Agen, trois jours plus tard. Entré au service des Dragons de Jarnac, le 17 octobre 1772, il reçut son brevet de sous-lieutenant dans le même corps, le 6 septembre 1778. Le 3 juin 1779, il passa comme capitaine aux Dragons de Belsunce. On le trouve du 28 juillet 1786 à 1790, capitaine aux Dragons des Deux Ponts.

Le 21 frimaire an II, il épousa, à Agen, demoiselle LOUISE-PAULE-FLORENT DE MANAS DE LAMESAN, fille de Bernandin de Manas Lamesan et d'Anne de Montalègre de Roquevert.

Le 12 fructidor an V, il fit partie de l'administration temporaire départementale du Lot-et-Garonne. Mais, le 27 fructidor an VII, il démissionna, en raison du maintien sur la liste des émigrés de deux de ses frères et d'un oncle par alliance. Mais un arrêté du Premier Consul, du 1er prairial an VIII, le nomma membre du Conseil général du département.

Enfin un nouvel arrêté du Premier Consul du 15 nivôse an X le désigna comme remplaçant à la mairie d'Agen du citoyen Raymond. M. de Sevin remplit ces fonctions jusqu'aux Cent jours fort paisiblement. Une lettre du Préfet, du 18 août 1815, l'invita à démissionner, pour éviter une révocation, rendue inévitable par la teneur de la circulaire ministérielle du 20 juillet et ensuite par l'état des esprits dans la région. Cette lettre, quoique fort élogieuse pour les services rendus par le maire d'Agen aux moments les plus critiques, était absolument formelle. M. de Sevin démissionna, mais, dès le lendemain, il proresta auprès du Duc d'Otrante, ministre de la police. En lui rendant compte de sa démission forcée de maire, après 12 ans d'exercice, il rappelait que : « Informé des premiers des nouvelles officielles de l'invasion de Bonaparte », il en avait fait part aussitôt, par l'intermédiaire du Préfet, à madame la duchesse d'Angoulême, alors à Bordeaux. Son Altesse Royale l'avait fait remercier et, suivant les instructions de la princesse, ces nouvelles furent tenues secrètes et des mesures furent prises pour maintenir le calme dans la population jusqu'à la reddition de Bordeaux. Une résistance quelconque était évidemment inutile : M. de Sevin, n'y pouvant rien, se décida à rester en place, fut nommé président du collège électoral, puis membre de la chambre des représentants. Sa correction avait été absolue et son dévouement à la cause royale bien démontré. Il priait donc le ministre d'obtenir de Sa Majesté un témoignage public de sa bienveillance qui atténuât un peu la défaveur de sa retraite [1]. Il mourut à Agen et fut inhumé, le 13 février 1834, ayant eu pour enfants :

XIV. — 1° MARIE - ARMAND - *Théodore*, né le 1er août 1796, fut conseiller à la Cour d'Agen et mourut sans alliance le 29 novembre 1867 [2].

2° *Léon*-FRANÇOIS-MARIE, qui suit.

3° MARIE - HIPPOLYTE - *Faustin*, née le 15 février 1803, mort sans alliance.

4° MARIE-JOSEPH-*Anatole*, qui suivra page 23.

5° MARIE-JOSEPH-*Adrien*, qui suivra page 26.

6° ADÈLE - SERÈNE - BERNARDINE, née le 4 octobre 1794, mariée le 7 octobre 1815 (et par contrat du 6 octobre 1813, *Jean Caprais Chaudordy, notaire d'Agen*) à CHARLES-POLYCARPE DE BATZ, BARON DE TRENQUELLÉON, fils de Charles - Joseph - François - Marie - Marthe de Batz de Trenquelléon, ancien

1. On n'a pu retrouver quelle suite fut donnée à cette requête, pas plus que celle que M. de Lacépède (de Lacuée de Cessac) avait soumise à l'Empereur au nom de M. de Sevin, son cousin, pour recevoir la croix de la Légion d'honneur pour lui-même et voir agréer son fils aîné dans les pages de S. M. I.

2. Il avait la propriété des châteaux de Ganet, de Segougnac, de Lamothe, de Talives et de Lavacan.

officier aux Gardes françaises, et de Marie-Clau-
dine-Josèphe de Peyronnencq de Saint-Chamarand.

7° MARIE - THÉRÈSE - ZAÏDE, née le 27 janvier 1800 et
mariée le 1er mai 1820 (et par contrat du
15 mars 1821, *Jean Caprais Chaudordy, notaire
d'Agen*) avec JEAN-PIERRE-NICOLE DE LANTOURME,
chevalier de Saint - Louis, veuf de mademoiselle
Rose Baldassary et fils de feus Pierre-Tiburce de
Lantourme et de Marie-Elisabeth Dubourg.

8° MADELEINE-AGAPPE, née le 3 avril 1806 et mariée
le 25 novembre 1822 avec PIERRE-*Louis*-HIPPOLYTE
DE LAFITTE DE LAJOUANENQUE, ancien officier d'artillerie, chevalier de la Légion d'honneur, fils de
Jacques de Lafitte de Lajouanenque, ancien lieutenant général en la sénéchaussée d'Agen, et de
Marie-Félicité Bérard.

9° MARIE-BERTILLE-*Octavie*, née le 5 septembre 1810 et
mariée, par contrat des 8 février et 27 septembre 1847,
à JACQUES - LOUIS - AUGUSTE D'ARBLADE, BARON DE
SÉAILLES.

— *Léon*-FRANÇOIS-MARIE DE SEVIN, né le 2 juillet 1798, héritier du
château de Ferrussac, épousa, par contrat du 10 mai 1830 (*Jean Caprais
Chaudordy, notaire d'Agen*), mademoiselle ELISABETH-MADELEINE-DELIE
LISLE DE TARDIEU, fille unique de messire Jean-Jacques-Gabriel Lisle
de Tardieu et de demoiselle Catherine Dufort, habitant au château au
Bousquet, près Port Sainte-Marie. Il[1] mourut le 17 octobre 1870, ayant
eu trois enfants :

XV. —   1° N..., mort enfant.

2° LOUISE-MARIE-OCTAVIE-*Pauline*, mariée 1° le 7 mai 1858,
à HENRI LE BLANC DE MAUVESIN ; 2° le 18 juin 1867,
à *Albert*-GABRIEL-GÉRARD JACOBÉ DE NAUROIS, fils
de M. *Auguste*-Louis Jacobé de Naurois et de Marie-
Gabrielle de Solages.

1. Il avait vendu le domaine de Fontirou en 1854.

3° PAUL-MARIE-*Armand* DE SEVIN, baron de Ferrussac,
sans alliance. (Il est le chef des nom et armes de
la famille de Sevin et possède les châteaux et baron-
nies de Ganet, de Lamothe d'Hallot, de Ségougnac,
de Talives et de Ferrussac.)

Branche fixée à Toulouse

XIV. —   MARIE-JOSEPH-*Anatole* DE SEVIN, héritier du domaine de
           Bonnel (v. p. 28), s'est fixé à Toulouse. Il avait
           épousé Mademoiselle MARIE-*Catherine*-PAMÉLA DRÉGÉ,
           de Charlestown, fille de Peter Drégé et de Marguerite-
           Félicité Colzy. Elle mourut à Toulouse, le 8 août 1902,
           âgée de 85 ans, ayant eu deux fils :

XV. —   1º LOUIS-PIERRE-*Anatole*, qui suit.
           2º FÉLIX-*Théodore*, qui suivra page 25.

— LOUIS-PIERRE-*Anatole* DE SEVIN, né le 7 mars 1835, épousa à
Toulouse, le 18 mars 1860, Mademoiselle *Marie*-EUGÉNIE-ANTOINETTE
DU BOURG, fille de M. Gabriel-*Philippe* du Bourg, ancien officier de cava-
lerie, et de Mademoiselle Jeanne-Marc-*Agathe* de Bray.

Ils eurent entre autres enfants :

XVI. —   1º MARIE-JOSEPH-*Roger*, qui suit.
           2º MARIE-PHILIPPE-*Georges*, né à Toulouse, le 11 jan-
              vier 1863, décédé à Paris, le 20 mars 1883.
           2º MARIE - FRANÇOIS - RÉGIS - *Henri*, né à Toulouse, le
              18 juin 1865, capitaine au 81ᵉ régiment d'infanterie,
              qui démissionna et épousa à Lourdes, le 8 avril 1907,
              Madame DE PASTRE DE BOUSQUET, née MARGUERITE
              BESSIÈRE.
           4º MARIE-BÉATRIX-*Geneviève*, née à Toulouse, le 3 dé-
              cembre 1867, mariée le 14 mai 1901, à M. FERNAND
              DE ROALDÈS.
           5º JOSÉPHINE-FRANÇOISE-MARIE-*Thérèse*, née à Toulouse,
              le 26 janvier 1872, mariée en cette ville, le 6 mai 1883,
              à M. HENRI GENET, capitaine au 126ᵉ de ligne, aujour-
              d'hui chef de bataillon.

6° MARIE-GEORGES-MICHEL-*Bernard*, né à Toulouse, le 15 septembre 1874, marié, le 6 octobre 1911, avec Madame DOMINGON, née MADELEINE DE BOYER.

7° MARIE - MADELEINE - ALEXANDRINE - *Agappe*, née à Toulouse, le 3 décembre 1874, mariée en cette ville, le 14 mai 1901, avec M. GABRIEL DUFAURE DE CITRES, capitaine au 7ᵉ régiment d'infanterie coloniale.

8° MARIE-HENRIETTE-*Pauline*, née à Toulouse, le 29 décembre 1877.

9° MARIE-......-*François*, né à Toulouse, le 21 octobre 1882, auteur d'un rameau fixé en Normandie et qui a relevé le nom de la branche des Bandeville.

— MARIE-JOSEPH-*Roger* DE SEVIN, né à Toulouse, le 2 septembre 1861, officier des haras, chevalier de la Légion d'honneur, épousa, le 26 juillet 1890, Mademoiselle MARIE-LOUISE AYNARD, fille de M. Henri Aynard et de Mademoiselle Amélie d'Uston de Villeréglan. D'où sont nés :

XVII. —   1° GEORGES, né le 10 novembre 1891.

2° ANDRÉ, né le 12 juillet 1894.

3° MARIE-AMÉLIE, née à Paris, le   juillet 1906.

Rameau établi en Normandie.

XVI. — FRANÇOIS DE SEVIN épousa, le 21 septembre 1911, au château de la Lande (Manche), Mademoiselle MARGUERITE DE PEYRONNY, fille du comte Henry-Marie-Arthur de Peyronny, ancien capitaine de cavalerie, et de Mademoiselle Jeanne Huchet de Cintré. D'où :

XVII. —   1° THÉRÈSE, née à la Lande, le 10 juillet 1912.

Deuxième Branche de Toulouse

XV. — Félix-*Théodore* de Sevin, né le 1er septembre 1837, entra à Saint-Cyr, d'où il sortit sous-lieutenant d'infanterie. Il donna sa démission, au moment de son mariage, le 31 mai 1864, à Toulouse, avec Mademoiselle Jeanne-*Gabrielle* Jacobé de Naurois, fille de M. *Auguste-Louis* Jacobé de Naurois et de Mademoiselle Marie-Gabrielle de Solages. Il devint veuf, le 2 août 1889 et décéda à Toulouse, le 11 janvier 1890.

Leurs enfants sont :

XVI. — 1° Marie-Joséphine-*Marguerite*, née à Toulouse, le 20 mars 1865, religieuse bénédictine.

2° *Edouard*, qui suit.

3° Marie-Anatole-*Jean*, né à Toulouse, le 25 mai 1870, non marié.

4° Marie-Joséphine-*Albertine*, née à Toulouse, le 15 mai 1875, mariée, le 22 août 1897, avec M. Joseph de Méric de Bellefon, lieutenant au 25e dragons, fils d'Aloys de Méric de Bellefon et de Louise Fraisseix de Veyvialle.

5° *Joseph*, auteur du *Deuxième rameau*.

— Marie-Auguste-*Edouard* de Sevin, née à Toulouse, le 30 octobre 1866, épousa, le 21 décembre 1890, Mademoiselle Adrienne-Louise-Jeanne-*Marie* de Tricornot de Rose, fille de Jean-Baptiste-Charles-Emmanuel, baron de Tricornot, marquis de Rose, colonel de cavalerie, officier de la Légion d'honneur, et de la marquise, née Jeanne-Marie Jacobé de Naurois.

Leurs enfants [1] sont :

XVII. — 1° Albert-Marie-*Hubert*, né le 13 novembre 1891.

2° Marie-Joseph-*Xavier*, né le 10 mars 1894.

1. Ils ont droit, par leur mère, au titre de *Baron du Saint-Empire.*

4

3° MARIE-CHARLES-*Thierry*, né le 11 avril 1895.

4° MARIE-GABRIELLE-*Jacqueline*, née le 14 novembre 1898.

5° MARIE-CHARLES-*Huon*, né le 25 août 1900.

6° MARIE-CHARLES-*Christian*, né le 21 octobre 1902.

7° MARIE-GABRIELLE-*Nicole*, né le 8 mars 1909.

Deuxième rameau de la deuxième Branche de Toulouse

XVI. — MARIE-PROSPER-*Joseph* DE SEVIN, né à Toulouse le 3 août 1876, entra à Saint-Cyr et se maria, comme lieutenant au 9ᵉ chasseurs à cheval, le 25 mai 1899, avec Mademoiselle HENRIETTE DE COMMARQUE, fille du marquis Joseph de Commarque et de la marquise, née Elisabeth-Marie-Louise d'Aignan. D'où :

XVII. —   1° JACQUES, né le 25 septembre 1901.

            2° JOSIANE ;

            3° GHISLAINE.

Rameau de Segougnac-Latuque

XIV. — MARIE-JOSEPH-ADRIEN DE SEVIN DE SEGOUGNAC naquit en 1819 et se maria, le 14 avril 1845 (et par contrat du 26 mars précédent pardevant *Louis-Jean-Marie Bernes, notaire d'Auch*, avec Mademoiselle EMILIE-FRANÇOISE-ANTOINETTE BAGNERIS, fille de feu baron François Bagneris, général de division, officier de la Légion d'honneur, chevalier de Saint-Louis, et de demoiselle Jeanne-Claire Guillon.

Ils eurent un fils :

XV. — LOUIS-ARMAND, né en 1855.

Rameau de Ferrussac

XIII. — PIERRE-THÉRÈSE-FRANÇOIS-XAVIER DE SEVIN, né à Agen, le
2 décembre 1758, fut admis dans l'ordre de Saint-Jean de Jérusalem
comme chevalier de minorité le 18 septembre 1775. Le 4 juillet 1777, il
entrait comme officier dans le régiment d'infanterie d'Enghien et s'em-
barqua, deux ans après, à l'île d'Oléron pour Saint-Pierre de la Marti-
nique. Cependant le climat l'avait fort éprouvé, et le commandant de
Canillac, mestre-de-camp de son régiment, dut le proposer pour un congé
de convalescence d'un an à M. de Reynaud de Villeverd, brigadier d'infanterie et commandant en chef des troupes françaises dans les Iles-sous-
le-Vent, le 6 septembre 1780.

Le chevalier de Sevin, alors lieutenant en second, prit passage sur un
vaisseau marchand de Bordeaux l'*Espérance*. Mais à peine au large, le na-
vire fut aperçu par la frégate anglaise *Pearl* de 40 canons, et dut prendre
chasse. Son capitaine, Labat, secondé par les officiers embarqués à son
bord, orgagisa une énergique résistance et n'abaissa son pavillon qu'après
un combat de six heures livré à portée de pistolet. Le chevalier de Sevin
et les autres officiers passagers de l'*Espérance* furent faits prisonniers de
guerre. M. de Sevin et six autres officiers furent autorisés par l'amiral
Rodney à s'embarquer sur *The Resolution* et attendre en Angleterre d'être
échangés contre même nombre d'officiers anglais de mêmes grades. Au
mois de mars précédent, les puissances belligérantes avaient réglé la forme
du cartel d'échange de leurs prisonniers respectifs. Ils étaient rapatriés des
deux côtés par des navires spécialement neutralisés et dans des conditions
bien déterminées. Chacun d'eux devait, avant tout, engager sa parole
d'honneur de revenir en captivité, si son remplaçant manquait. Une fois
l'arrivée en bonnes conditions des nouveaux libérés duement établie, les
uns et les autres pouvaient reprendre les armes et participer de nouveau
à la guerre. Des circonstances fortuites séparèrent de ses compagnons le
chevalier de Sevin, qui dut se procurer pour lui et son domestique un
laisser-passer, que lui délivra le lieutenant-colonel Hamilton, du 2e régiment d'infanterie à Birmingham. Enfin le paquebot *The James*, de
Douvres, déposa à Calais le chevalier de Sevin, le 27 mars 1781, et dé-
charge en fut donnée par le commissaire des classes de la marine au capi-

taine anglais Georges Bagster. Il était promu lieutenant en premier,
quand il reçut de M. de Ségur l'ordre de rejoindre son régiment à Saint-
Domingue, le 1er décembre 1783. Le 9 avril 1784, on le trouve avec son
régiment à Besançon. Le 1er mai de la même année, un brevet du roi
accordait un congé au chevalier pour aller faire ses caravanes de Malte.
Rien de bien particulier ne le signale jusqu'en 1789, où il figure à l'assemblée de noblesse d'Agen. Il s'occupe ensuite, après le départ du Commandeur de Montazet, qui l'en avait chargé en partant pour Malte, de la
défense des intérêts de l'ordre dans le grand prieuré de Toulouse. Il le
fait avec un zèle qui lui vaut les félicitations les plus flatteuses du grand
maître, mais ne peut rien obtenir contre les passions et l'injustice des
révolutionnaires. Pendant la Terreur, il émigra.

Il fut promu officier de la Légion d'honneur, fit partie du Conseil
général du Lot-et-Garonne et mourut à Agen le 26 janvier 1836.
En 1791, il avait épousé Mademoiselle MARIE D'ALÈS, baronne de Ferrussac, fille de Jean-François-Ignace d'Alès de la Tour et de Jeanne-Phi-
lippine-Electe-Louise d'Audebard de Ferrussac.

Ils n'eurent que deux filles :

XIV. —   1º MARIE-JOSÈPHE-ARMANDE, morte sans alliance ;

2º SEVÈRE-PHILIPPINE, héritière de Ferrussac, qui ne se
maria pas et testa le 30 octobre 1856. Elle laissa à
son cousin Léon de Sevin sa fortune, dont la baronnie
de Ferrussac. Anatole de Sevin recevait aussi d'elle
le château de Bonnel.

Branche de Talives

XIII. — PIERRE-PHÉBADE DE SEVIN, fils d'Armand-Joseph de Sevin et et de Serène de Bonot, fut reçu chevalier de Malte de minorité, le 8 juin 1774, et servit dans le génie, où il parvint au grade de lieutenant-colonel. Il avait été nommé chevalier de la Légion d'honneur et mourut à Agen, le 14 septembre 1834 [1]. De son mariage avec Mademoiselle JEANNE-FOY DE CARRIEU, fille de Jean-Baptiste de Carrieu, seigneur de Lalanne, et de Marie Vaqué de Faleyret, naquirent quatre enfants :

XIV. — 1º ALPHONSE, né le 27 septembre 1798, mort sans alliance, le 20 mars 1880, chevalier de la Légion d'honneur et ancien capitaine d'artillerie ;

2º LÉOPOLD, qui suit ;

3º LAURE, née en 1812 et mariée à Nérac avec M. JOSEPH LESPINASSE, dont elle n'eut pas d'enfant :

4º FERDINAND, né le 8 août 1815, non marié ;

— LÉOPOLD DE SEVIN-TALIVES, né le 6 novembre 1807, fut d'abord officier de marine, puis agent-voyer en chef départemental du Lot-et-Garonne. Il épousa, à Agen, le 2 avril 1839, Mademoiselle DELPHINE BERTHOUMIEU-LAMER, fille de M. Hercule Berthoumieu-Lamer et de Mademoiselle Cannet. Ils eurent quatre enfants :

XV. — 1º JEANNE, mariée, en 1864, avec M. GASTON DU PRAT DE MÉZAILLES ;

2º MARTHE ;

3º CLAIRE, religieuse au monastère des Filles de Marie, à Agen;

4º GABRIEL.

1. Ce fut lui qui fortifia Ancône.

Branche du Pécile

VIII. — CHARLES DE SEVIN, seigneur du Pécile, écuyer, fils puîné d'Armand de Sevin et de Jeanne Dupin de Ganet, fut capitaine au régiment de Rambures et mourut le 24 mars 1714. Il épousa, le 20 novembre 1671 (et par contrat du 6 octobre, devant *Ceberet, notaire royal d'Agen*), demoiselle MARGUERITE DE MUCY, fille de feu M. Me Bernard de Mucy, conseiller du roi et receveur des tailles en l'élection d'Agen, et de demoiselle Marie de Corné. D'où vinrent cinq enfants :

IX. —   1° PIERRE, qui suit ;

2° ARMAND, officier d'infanterie, qui épousa, par contrat du 2 février 1736, demoiselle ANNE DUPUY, fille d'Isaac Dupuy et de Jeanne de la Bernardie, et n'en eut pas d'enfant ;

3° MARIE, veuve, en 1696, de noble CHARLES DE LABARTHE ;

4° MARGUERITE, mariée d'abord avec Me ANTOINE DE RANCE ; 2° avec M. Me ANTOINE-RAYMOND D'ESCUDIER, conseiller du roi et procureur de la ville du Port-Sainte-Marie. Elle habitait en sa maison du Rance, paroisse Saint-Julien, en la juridiction du Port-Sainte-Marie, lorsqu'elle fit son testament, le 1er juillet 1737 pardevant *Dominique Carmentrand, notaire d'Agen*. Elle mourut le 27 février 1755.

5° LOUISE, supérieure du couvent de l'Annonciade, à Agen.

— PIERRE DE SEVIN, seigneur du Pécile et de Quissac, écuyer, mourut le 8 mars 1736, après avoir fait, le 9 juin 1710 (*Dutreil, notaire royal d'Agen*) un testament mutuel avec sa seconde femme. Dans cet acte, les époux disent n'avoir point de postérité de leur union, se laissent réciproquement la jouissance de leurs biens et citent les deux enfants du mari et le fils unique de la femme. Il avait épousé d'abord, le 11 juillet 1701, demoiselle JEANNE DU LYON, fille du noble François du Lyon, capitaine, et de Catherine Michellet, puis demoiselle ANNE DE MOULIÉ [1], veuve de Jean Laffitte, de Villefranche, et fille de feu Timothée Molié et de Jeanne Vallade. De la première union naquirent deux enfants :

X. —   1° MARTIAL-ARMAND, qui suit ;

2° MARIE, religieuse au couvent de l'Annonciade d'Agen, et qui y mourut le 9 novembre 1780.

— MARTIAL-ARMAND DE SEVIN, seigneur du Pécile, écuyer, né le 24 février 1701, épousa, le 23 mai 1736, demoiselle MARIE-ANGÉLIQUE-CHRISTINE DE METGE [2], fille de noble Jean-Jacques de Metge et de feue Marguerite de Labarthe (fille de noble Charles de Labarthe et de Marie de Sevin, voir plus haut). Il fut maintenu dans sa noblesse par arrêté du 3 août 1754. Le 6 mai 1768, dans sa résidence au Port-Sainte-Marie, il fit son testament et y déclare, après avoir fait un legs à sa sœur religieuse, n'avoir conservé qu'un fils et une fille des nombreux enfants que lui a donnés sa femme :

XI. —   1° JEAN-JACQUES-JOSEPH, héritier universel de son père, et qui suit ;

2° MARGUERITE - JEANNE, mariée, par contrat passé le 23 mai 1769 devant *Grimond, notaire royal du Port-Sainte-Marie*, messire LOUIS-JEAN-BAPTISTE DU PONT DE BAULAC, ancien capitaine d'infanterie au régiment de Béarn, fils de messire Antoine du Pont de Baulac et de feue Jeanne de Montméjan.

— JEAN-JACQUES-JOSEPH DE SEVIN, seigneur du Pécile, écuyer, épousa, le 30 janvier 1768, demoiselle ELISABETH DE GRILLON DE MOTHES, fille de Jean de Grillon, seigneur de Mothes, écuyer, et de Cécile Mausacré de Mathias. Il mourut le 22 novembre 1787 et sa veuve fut convoquée à l'assemblée de noblesse de l'Agenais en 1789. Leurs enfants furent :

XII. —   1° MARIE-CHRISTINE-ANGÉLIQUE, née en 1769 ;

---

1. Les articles de ce mariage furent détaillés le 29 novembre 1707. Contrat retenu par *Rebel, not. royal.*

2. *Plantey, not. royal.*

2° Armand-François, qui suit ;

3° Armand-Léon, qui suivra après ;

4° Béatrix, baptisée le 9 mai 1772 ;

5° Marie-Christine[1], mariée à M. Pépin, de Marmande ;

6° Jean, baptisé le 27 septembre 1773 ;

7° Armand-François, né le 9 janvier 1775 et mort le 25 août 1785.

— Armand-François de Sevin, seigneur du Pécile, écuyer, naquit le 1er novembre 1770 et se maria, le 14 août 1796, avec demoiselle Françoise-Victoire de Lavolvène, fille de Joseph de Lavolvène, ancien capitaine au régiment de Touraine, chevalier de Saint-Louis, et de Jeanne de Jabre. Ils eurent pour enfants :

XIII. —   Armand-Léon, qui suit ;

2° Nelly, morte jeune.

— Armand-Léon de Sevin du Pécile, né le 22 juin 1796, fut maire de Bazens et mourut à Agen le 8 novembre 1876. Il avait épousé, le 20 juin 1820, Mademoiselle Joséphine de Saint-Gilis, fille de M. Henri de Saint-Gilis, seigneur de Martel, écuyer, et de Marie-Thérèse de Sevin de Segougnac (contrat du 12 juin par *Augon, notaire d'Agen*). Elle mourut, le 21 mai 1864, ayant eu comme enfants :

XIV. —   1° N....., décédé tout enfant ;

2° Hector, mort à 11 ans ;

3° Henri, mort à Agen, le 14 janvier 1843 ;

4° Jean-Théodore, né à Agen en mars 1830.

Deuxième rameau du Pécile

XII. — Armand-Léon de Sevin, fils puîné de Jean-Jacques-Joseph de Sevin et d'Elisabeth de Grillon, se fixa à Marmande et se maria avec Mademoiselle Marguerite de Peynan.

---

1. Sa date de naissance ne nous est pas connue, mais, comme cette fille figure en cette place dans une note de famille, il est à croire qu'elle était sœur jumelle de Béatrix ou de Jean.

D'où :

XIII. —   1º ELÉONOR DE SEVIN, décédé en mer. Il laissa de son
mariage avec Mademoiselle ZULINE DE BAZIGNAN DE
LIGNERIS :

XIV. —   1º ARMAND-LÉON-LOUIS, qui suit ;

2º GUSTAVE, qui suivra après son frère ;

3º LÉONIDE, mariée à Condom avec M. PAUL VERGNES,
avocat, de Marmande.

— ARMAND-LÉON-LOUIS DE SEVIN, établi à Nérac, épousa, en 1865,
Mademoiselle ELISABETH DE GRAMONT DE VILLEMONTÈS, fille de M. Armand
de Gramont de Villemontès et de Mademoiselle de Brisac. Il mourut en
1882, laissant une fille.

XV. —   1º THÉRÈSE, mariée à M. EDMOND DE BLAY.

Troisième rameau du Pécile

XIV. — GUSTAVE DE SEVIN, second fils d'Eléonor de Sevin et de Zuline
de Bazignan, entra dans l'administration de l'Enregistrement et se maria
avec Mademoiselle BERTHE LAVAL, qui lui donna deux filles :

XV. —   1º N....., morte jeune ;

2º MADELEINE, née en 1866, mariée le 15 novembre 1886,
à M. GEORGES DE BAZELAIRE, capitaine d'infanterie, fils
de Maximilien-Adrien de Bazelaire, capitaine du génie,
et d'Adrienne de Crevoisier.

Branche de Mansencal

V. — PIERRE DE SEVIN, seigneur de Pélissié, fils de Jacques, juge-mage d'Agen, et de Jeanne de Coësme, reçut des provisions de Conseiller au parlement de Bordeaux du roi Henri III, le 7 juillet 1554, et prêta le serment pour cette charge, le 3 août suivant[1]. Le 3 mars 1555, « Eüe déli« bération si Me Sevin, conseiller, marié à la sœur de la femme de « Me Pierre Pomiés, conseiller à la dite cour, doibt aller à la première des « enquestes suivant la déclaration du Roi que deux beaux-frères ne seront « en mesme chambre, a esté arresté que, suivant lesdites lettres patentes, « ledit Sevin servira en la première des enquestes » [Chronique du Parlement de Bordeaux, par JEAN DE MÉTIVIER, t. II, p. 116]. — « Le 20 mars « 1555, se sont opposés à la délibération du 13 mars, N......, conseillers, « pour les interests qu'ils prétendent que ledit Sevin les précède au juge« ment des procès qui se jugent par après disnées, et leur est de trop « grande conséquence. A quoi ledit Sevin a dit que pour son regard il « n'avoit intérest en quelle chambre il seroit, et ce qu'il en fait est suivant « ce que dit est. Sur quoi a esté advisé que sans préjudice de leur oppo« sition ledit Sevin demeureroit en ladite Chambre pour ce jourd'huy et « que cependant seroient remonstrées en la Grand Chambre les causes de « ladite opposition, pour estre pourveu comme il appartiendra. » [Id., ibid., page 117]. — Pierre Sevin figure à la séance du 12 novembre suivant, dans laquelle le Procureur général se plaint que sur les soixante présidents et conseillers vingt-quatre seulement sont présents.

M. Boscheron des Portes, dans son « Histoire du Parlement de Bordeaux », tome I, p. 226, établit bien que Pierre de Sevin était véritablement à classer parmi les magistrats huguenots : « un autre effet de la pacification « fut la reprise de possession de leurs sièges par les magistrats de la nou« velle religion, que l'état de guerre en avait éloignés. C'est ainsi que les

---

1. « Me Sevin, au serment de l'office de conseiller en la cour, vacant par le décès de Me Pierre « Gay ; il a esté ordonné qu'à l'advenir aucun ne debvoit estre versé à l'examen, ledit examen « n'estant acte judiciaire — 3 août 1554. » (Chron. du Parlem. de Bordeaux, t. II, p. 70).

« conseillers Guilloche, de Sevyn, Bouchier, Macanan, Guerin, Arnoul et Dupont reparurent au palais... »

Pierre de Sevin fit son testament, le 11 mai 1569, par devant *Raymond Trossinières, notaire royal de Bordeaux*, et y nomme sa femme et son fils. Après quelques accords avec son frère Hermand et sa belle-sœur, au sujet des avantages faits à celle-ci par leur frère Guillaume le chanoine et dont il avait conçu une vive irritation, il suivit dans la mort ses deux frères dans le courant de la même année. « Après le meurtre du conseiller Jean « Guilloche de la Loubière, poignardé par Montferrand lui-même », rapporte M. Boscheron des Portes, p. 245, « un autre membre du parlement « Pierre de Sevyn périt de la même manière, ainsi que son secrétaire ou « clerc, nommé Simonnet, qui se fit tuer sur son corps, déclarant haute-« ment qu'étant de la même religion, il voulait mourir avec lui. » Dans les « *Mémoires de l'Etat de France sous Charles IX* » 1578, p. 382 « *Mas-« sacre de ceux de la Religion à Bourdeaux le 3ᵉ jour d'octobre 1572*. — Le « vendredy troisiesme iour d'octobre 1572, le Gouverneur ayant « assemblé en la ville tous les meschans garnemens, desquels il « entendoit s'aider pour l'exécution d'un si vilain acte et leur com-« manda d'assembler leurs dizaines en armes et le venir trouver soudain « après disner pour exécuter le commandement qu'il avoit du Roy. « A quoy ils ne firent faute, le venans trouver avec leurs chaperons de « livrée de damas blanc et rouge, suivis de leurs dizaines pour entendre « ce qu'il leur disoit. La plus part des massacreurs portoyent des bonnets « rouges, qui leur avoyent esté baillez de chez Pierre Lestonnac, jurat de « Bourdeaux ; à raison de quoy et pour le sang dont ils rougirent leurs « bras, ils furent appelez la bande rouge. Aucuns l'ont appelé la bande « Cardinale. Le Gouverneur leur commanda de tuer tous ceux de la Reli-« gion, notamment qui avoyent porté les armes et n'en espargner pas un. « Et luy mesmes leur voulant monstrer l'exemple, s'en alla à la maison « de M. Jean de Guilloche, sieur de la Loubière, conseiller à la cour de « parlement, pour exercer la haine de longue main conceüe contre luy ; « lequel se voulut garentir par une porte de derrière : mais il fut ramené « en la basse court de sa maison devant le Gouverneur, qui le massacra à « coup de coutelas. Sa maison fut entièrement pillée et saccagée... (p. 382 « v°). La maison de M. Guillaume [1] de Sevyn, conseiller audit parlement

1. Pour Pierre : le prénom du conseiller a été changé par divers historiens avec ceux de ses frères.

« qui estoit de la Religion, fut envahie, pillée et saccagée, et luy miséra-
« blement meurtry. Son clerc ou secrétaire, nommé Simonet, le voyant
« ainsi meurtrir, l'embrassa en le consolant. Et, estant interrogé s'il estoit
« aussi de la Religion, respondit qu'il en estoit et vouloit mourir pour
« icelle avec son maistre. Aussi tous deux furent tuez au sein l'un de
« l'autre... » Le conseiller de Sevin, selon toute vraisemblance, avait
adopté le culte réformé, et, en tout cas, son attitude le classait parmi les
Religionnaires de marque du Bordelais. Néanmoins, si le parlement de
Bordeaux ne perdit, dans le massacre des protestants, que deux de ses
membres, il est avéré d'abord que le conseiller Guilloche périt surtout,
comme victime de la haine criminelle du Gouverneur contre sa personne.
Quant à Pierre de Sevin, s'il était désigné aux coups des fanatiques tout
autant que certains autres de ses collègues, il ne l'était pas davantage.
Mais à Bordeaux et à Agen, des haines bien vivaces et des craintes terribles
étaient surexcitées à son sujet comme elles l'avaient été à l'encontre de
ses deux frères. Ceux-ci venaient de disparaître coup sur coup, il n'y avait
que quelques semaines à peine : lui seul restait jusqu'alors entre la poursuite d'un grand crime et la conservation d'un gros héritage, d'une part,
et la faiblesse de deux pauvres enfants, son neveu et son fils, fatalement
livrés d'avance à des tutelles plus que suspectes, d'autre part. Il paraît
bien difficile de ne pas s'arrêter à l'hypothèse que, dans sa fatale destinée,
ces considérations de famille n'aient pesé plus lourdement que son rôle
politique et religieux. L'assassinat de Pierre, ainsi que la mort — plus
naturelle d'apparence — de ses deux frères, à quelques mois d'intervalle à
peine, durent être un bien grand soulagement pour les angoisses des
meurtriers de leur neveu Jacques et pour les criminelles convoitises de ceux
qui comptaient dépouiller les orphelins sous le couvert de leur tutelle.

Du mariage de Pierre de Sevin et de Jeanne de Cazaux naquit un fils
unique.

VI. — Armand de Sevin, seigneur de Pélissié, baptisé à Bordeaux, le
21 août 1563, fut jurat de la ville d'Agen. Il obtint du roi Henri IV des
lettres créant, en sa faveur, une charge de conseiller lai au parlement de
Toulouse, décembre 1594, et reçut des provisions de président aux
Enquêtes en la même cour, le 17 septembre 1605. Enfin, le 26 octobre
1616, un brevet de Conseiller d'Etat lui fut délivré, « en considération et

« récompense des services rendus à S. M. par ledit Armand de Sevin dans
« plusieurs occasions, où il auroit témoigné son courage et sa fidélité au
« hasard de sa vie ¹. »

Il avait épousé, par contrat devant *Taillade, notaire de Saint-Germain en
Querci,* le 4 octobre 1583, demoiselle JEANNE DE VASSAL DE RIGNAC, fille
de Gilibert de Vassal, seigneur de Rignac, et de Louise de Peyronnenq
de Saint-Chamarand. Il testa, le 19 août 1622, par devant *Bessier, notaire
royal de Toulouse,* nommant son fils pour héritier général. Il eut pour
enfants :

VII. —   1º PIERRE, qui suit ;

2º MARGUERITE, religieuse aux Dames maltaises de Toulouse ;

3º ROSE, qui épousa, par contrat du 16 janvier 1612 devant
Philippe Vivant, notaire d'Agen, AUGUSTE DE TAPIE, seigneur de Monteils, fils de Jean de Tapie, écuyer, et de
Jeanne de Cadoing. Elle fut, vers 1635, dame d'honneur de la Duchesse d'Alençon, princesse du sang
royal ;

4º ANTOINETTE, femme de N...   CLUSICE, secrétaire du
roi.

— PIERRE DE SEVIN reçut, le 17 janvier 1612, les provisions de conseiller de son père, et le 6 juin, celles de président à la première chambre
des requêtes. Il épousa, par contrat du 7 juillet 1607, Mademoiselle FRAN-
ÇOISE DE MANSENCAL, fille de Mʳ Mᵉ Jean de Mansencal, conseiller au parlement de Toulouse, et de Claire de Lacivivier. Leurs enfants furent :

VIII. —   1º PIERRE-FRANÇOIS, qui suit ;

2º CLAIRE, mariée, par contrat du 22 janvier 1626, avec
Mʳ Mᵉ PIERRE-FRANÇOIS DE GARAUD, seigneur de Don-
neville, président à mortier au parlement de Toulouse
et fondateur du couvent de l'Observance de Montgis-
card.

— PIERRE-FRANÇOIS DE SEVIN reçut des provisions de conseiller au
parlement de Toulouse, le 12 février 1644, avec lettres de dispense d'âge
du 26 février. Il épousa, le 14 juillet 1650, demoiselle MARIE DE REICH,

dame de Penautier, fille de messire Bernard de Reich, s^r de Penautier, etc., trésorier général de France à Toulouse, et de Louise de Claret de Saint-Félix. Ils eurent pour enfants :

IX. —   1° JEAN-ANTOINE DE SEVIN DE MANSENCAL, marquis de Penautier, mort le 12 janvier 1736, sans avoir eu d'enfant de son mariage avec Mademoiselle ROSE DE MARTINI ;

2° FRANÇOISE, baptisée le 21 août 1651, reçue dame maltaise à Toulouse, le 5 mai 1667 ;

3° PIERRE, mort sans postérité et qui testa en faveur du Baron de Bérat. ;

4° ANNE ;

5° MARIE ;

6° HENRI, né à Toulouse le 12 juillet 1661, baptisé à Saint-Etienne, le 23 mai 1662, admis dans l'ordre de Malte le 2 mai 1673.

Branche de Miramion

II. — ETIENNE SEVIN, seigneur de Villepreux, etc., grand bailli d'Orléans, second fils de Jean Sevin et de demoiselle Geneviève du Moulin, partagea les hoiries de ses père et mère avec Jean, son frère aîné, le 18 juillet 1445. Trois ans auparavant, il avait épousé Mademoiselle JACQUETTE DE LA BORDE, dame dudit lieu auprès de Cléry, en Sologne. Ils eurent comme fils :

III. — ANDRÉ SEVIN, seigneur de la Borde, grand bailli d'Orléans. Il épousa, en 1468, Mademoiselle PERRETTE DES CONTES, dame de Miramion, de la Tour, de Tournoisy, de la Porte et du Chemin, ainsi qu'il appert des partages des 27 juillet 1469 et 17 février 1483. Elle était la fille et l'héritière de Jacques des Contes, seigneur des dits lieux, et de Marie Le Charron, dame de Miramion. Leur fils unique fut :

IV. — RENAUD SEVIN, seigneur de Miramion, etc., né vers 1469 et mort en 1527. En 1498, il épousa sa cousine, ISABELLE DE SEVIN, fille de Jean Sevin et de Jeanne de la Croix. Plusieurs enfants naquirent de cette union :

V. —   1º JÉROME, qui suit ;

2º MARTIN, seigneur de la Borde, mort en Piémont, sans postérité ;

3º GENEVIÈVE, femme de NICOLAS ROYER, trésorier de France en 1573 ;

4º ISABELLE, mariée à JEAN LE FÈVRE, avocat au parlement.

5º MARIE, femme de JEAN DE FURNES, sʳ de la Mothe.

6º JEANNE, femme de JEAN LE GUAYS, sʳ de Barbey, auditeur des comptes ;

7º FRANÇOISE, religieuse aux Hautes-Bruyères ;

8º ANNE, religieuse à Soissons ;

9º MARGUERITE, religieuse à Collinance ;

— Jérôme Sevin, seigneur de Miramion, de la Borde et de la Tour de Tournoisy, mourut le 30 août 1572. Il eut sept enfants de son mariage, contracté, en 1543, avec demoiselle Marie Gontier, fille de messire Jacques Gontier, sr de Jasfort, lieutenant-général de la maréchaussée et de la connétablie de France, et de Philippe Choart de Buzenval :

VI. —   1° Jacques, qui suit ;

           2° Pierre, né en 1553, aumônier de roi, prieur de Saint-Nicolas de Beaugency ;

           3° Anne, née en 1555, mariée en 1581, avec Jean le Maire, lieutenant civil et criminel d'Orléans, et morte en 1603 ;

           4° Marie, qui épousa Me François de Longuejoüe, seigneur du Breuil ;

           5° Françoise, née en 1561, mariée en 1585 à Martin de Chanterel, seigneur de Champigny en Brie ;

           6° Gabriel, seigneur de la Borde, de Montclair, de Montmorillon et de Contés, né en 1563, mort en 1625, trésorier et commissaire des guerres. Mariée en 1595, sa femme Marie de la Voste décéda, le 7 avril 1669, ayant eu un fils Gabriel, qui mourut, le 26 septembre 1626, après avoir vendu sa terre de *la Borde*.

           7° Susanne, religieuse à l'abbaye de Chelles.

— Jacques Sevin, seigneur de Miramion, etc., naquit en 1551, fut reçu conseiller au grand Conseil, le 14 octobre 1592, aux Conseils d'Etat et privé, le 28 février 1623, et mourut en 1627.

Il avait épousé, en 1582, demoiselle Angélique Viart, fille de Mr Me Louis Viart, conseiller du roi et receveur des tailles à Blois, et d'Anne Jolly. Elle mourut en 1627, ayant eu cinq enfants :

VII. —   1° Jacques, mort enfant ;

           2° Thierry, qui suit ;

           3° Jacques, mort sans alliance ;

           4° Pierre, qui n'eut pas d'enfant de son mariage avec demoiselle Françoise Forget, fille de Me François Forget, sieur de Bruslevert, conseiller au parlement de Paris, et de Marie Dreux ;

5° MARIE, qui épousa, en 1612, Mᵉ PIERRE DE REGNIER, sieur d'Anger, conseiller maître d'hôtel du roi ;

— THIERRY SEVIN, seigneur de Miramion, de Montclair et de Châtres, conseiller du roi en ses conseils, depuis le 8 août 1617, était né en 1590 et mourut le 11 novembre 1636. En 1620, il avait épousé demoiselle MARGUERITE LE BOSSU, fille de messire Eustache Le Bossu, seigneur de Courbevoie, conseiller-secrétaire du roi, et de dame Marguerite Belle. Elle mourut à Paris, le 16 août 1652 et fut inhumée à Saint-Nicolas du Chardonnet, ayant eu onze enfants :

VIII. —   1° EUSTACHE, bachelier en théologie à la Sorbonne, mort à 25 ans vers 1649 ;

2° THIERRY, qui suit ;

3° PHILIPPE, aumônier du roi, abbé de Berdoues, au diocèse d'Auch ;

4° JÉRÔME, sieur d'Orsigny, décédé le 5 avril 1683, âgé d'environ 50 ans, inhumé à Saint-Sulpice ;

5° CHARLES, mort jeune ;

6° ANGÉLIQUE, morte enfant ;

7° MARIE, religieuse ursuline à Saint-Denis, reçue professe le 15 septembre 1642 ;

8° ANGÉLIQUE, religieuse professe à l'abbaye de Gif, le 28 octobre 1642, décédée en 1665 ;

9° MARGUERITE, mariée, au mois de février 1659, avec messire GUILLAUME DE LA BOISSIÈRE, seigneur de la Chambry, de la Grange, de Gisors, lieutenant des Cent Suisses de la Garde du roi.

10° ANTOINETTE, morte jeune.

11° MADELEINE, qui décéda, sans alliance, en 1681.

— THIERRY SEVIN, seigneur de Miramion, de Montclair, de Châtres, enseigne aux Gardes françaises en 1631, devint ensuite conseiller au Grand Conseil en 1657, rapporteur et correcteur des lettres de la chancellerie de France, le 21 janvier 1675. Il mourut le 8 décembre 1677, et fut inhumé à Saint Eustache. Onze enfants naquirent du mariage, qu'il contracta, le 27 août 1658, avec demoiselle LOUISE FOUCAULT, fille

6

de messire Nicolas Foucault, seigneur des Bois-Gilons, conseiller au Grand Conseil, et de demoiselle Louise de Cornulier :

IX. —
1° CLAUDE-THIERRY, né le 16 juin 1659, mort le 9 juillet 1662 ;

2° LOUISE-MADELEINE, née le 8 mai 1660, religieuse ;

3° MARIE-YOLANDE, née le 4 septembre 1661, décédée le 15 octobre 1663 ;

4° CLAUDE-THIERRY, seigneur de Miramion, né le 14 octobre 1662 ;

5° FRANÇOIS, né le 28 octobre 1663, chanoine de Senlis ;

6° MADELEINE-ANGÉLIQUE, née le 11 octobre 1664, entrée en religion ;

7° CLAUDE, né le 1er octobre 1665 ;

8° CHARLES, né et mort le 5 janvier 1667 ;

9° JOSEPH, né le 8 septembre 1668, mort le 20 mai 1669 ;

10° MICHEL - JOSEPH, né le 9 octobre 1669, décédé sans alliance, le 14 juin 1694, inhumé à Saint-Sulpice ;

11° JACQUES, mort sans alliance.

Branche de Bligny

Guillaume, auteur de cette branche, nous paraît être probablement le frère de Jacques, le juge mage d'Agen, et le second fils de Guillaume Sevin et de Marie Grangier; néanmoins cette hypothèse, si admissible soit-elle, n'est pas une certitude : aussi vaut-il mieux laisser un doute pour l'ensouchement.

A. — GUILLAUME SEVIN, seigneur de Bligny, fut auditeur, puis, le 15 septembre 1573, correcteur des comptes. Il épousa, par contrat retenu par *Hauldessus* et *Vincent Maupeou, notaires au Châtelet de Paris*, le 13 août 1561, demoiselle ANNE LE FÈVRE, fille de messire Le Fèvre, seigneur de Bizay et de Lespinay, avocat au parlement de Paris, et de Marguerite Michon. C'est en l'église Saint-Landry, de Paris, qu'ils reçurent la bénédiction nuptiale, le 24 août. Ils eurent deux fils :

B. —   1° MICHEL, qui suit;
        2° JACQUES, auteur de la *Branche de Gomets-la-Ville*, p. 46.

— MICHEL SEVIN, seigneur de Bligny, de la Grange, de Bizay, fut baptisé à Saint-Landry, le 27 avril 1562, et reçu conseiller au parlement de Paris, le 5 août 1587. Il épousa, en premières noces, demoiselle MADELEINE DE FORTIA, fille de messire François de Fortia, seigneur de la Grange, trésorier des parties casuelles, et de Françoise Meuguet, sa deuxième femme. Sa seconde épouse, demoiselle MARGUERITE DE TROYES, était veuve et sans enfants, le 24 février 1622, tandis que de la première union de son mari étaient nés :

C. —   1° JEAN qui suit;
        2° ANTOINETTE, femme d'OUDART COLBERT, conseiller au
            parlement de Paris en 1614, fils d'Oudart Colbert,
            seigneur de Saint-Pouange, secrétaire du roi, et de
            Marie Fouret, dame de Villacerf.

3º MADELEINE, mariée à NICOLAS DE QUÉLAIN, conseiller
au parlement de Paris.

— JEAN SEVIN, seigneur de la Grange, de Bizay, etc., fut reçu conseiller au parlement de Paris, le 19 avril 1619, et nous trouvons trace
de son caractère bien nettement accentué dans l'histoire de cette Cour.

Voici quelques détails que nous a transmis le maréchal de Bassom-
pierre dans son « *Journal de ma vie* », t. IV :

[p. 195]... « Janvier 1636. L'année 1636 commença par quelque
« désordre qui arriva en parlement sur ce que les enquêtes se voulurent
« assembler pour voir les édits vérifiés le 20ᵐᵉ du mois passé, le roy
« estant en son lit de justice, et pour voir tirer quelque meilleur party
« de ce surcroît que !'on avoit fait de vingt quatre conseillers et un pré-
« sident au mortier. Le premier président dit aux enquesteurs qu'il avoit
« une lettre du roy à son parlement quy leur interdisoit l'assemblée.
« Eux insistèrent de voir la lettre et, luy ne le voulant, ils reviendrent
« prendre place le mercredy 2ᵉ ; et le vendredy 4ᵐᵉ, estant revenus à la
« grand chambre prendre place, ils receurent une lettre du roy quy
« leur commandoit une députation vers luy de trente du corps, pour le
« lendemain. En ce mesme temps, le conseiller Lainé accusa le premier
« président. Le lundy suyvant, on envoya en diverses demeures le
« président Barillon, les conseillers Lainé, Foucaut, Sevin et Eau-
« bonne... »

[p. 249] « Mars 1638. Les porteurs de rentes constituées sur les aides
« et gabelles de France n'étant pas payés de plusieurs quartiers échus,
« s'adressèrent avec violence au Conseil du roi., insultèrent et mena-
« cèrent l'intendant Cornuel. On en emprisonna trois et les autres adres-
« sèrent requête au parlement à ce sujet. Les Chambres décidèrent de
« s'assembler pour en délibérer ; mais, à peine entrées en séance, elles
« reçurent du premier président communication d'une lettre de cachet
« interdisant au parlement de délibérer sur l'affaire. Il y eut quelque con-
« testation là dessus, et, le lendemain, on fit commandement aux pré-
« sidents Gayan, Chauron et Barillon, et aux conseillers Salo Beaure-
« gart, Tibeuf-Bouville et Sevin, les deux premiers de se retirer en leurs
« maisons, et aux autres quatre d'aller, sçavoir Barrillon à Tours, Salo
« Beauregart à Loches, Sevin à Amboise, et Tibeuf Bouville à Caen ; et,

« dès qu'ils y furent arrivés, il leur vint un nouvel ordre de demeurer
« prisonniers dans les quatre chasteaux de ces villes... »

[p. 332]... « Avril 1640. Le 20ᵐᵉ, l'édit des créations nouvelles des
« maîtres des requestes fut enfin vérifié au parlement, et le nombre
« restreint à douze. Ce mesme jour, fut restablie la troisiesme chambre
« des enquestes, quy avoit esté sy longtemps interditte, avec ordre
« aux conseillers Bitaut et Sevin de se deffaire de leurs charges, avec
« interdiction au président Perrot de Saint-Dié d'entrer en la ditte
« chambre pour y exercer la sienne, jusques à nouvel ordre du roy. »

Jean Sevin, après ces tribulations dans sa carrière, mourut en 1661.
Il avait épousé dame CLAIRE-DIANE DE VIC, veuve de messire Pierre
Gamen, et fille de messire Méry de Vic, garde des sceaux de France, et
Marie Bourdineau. Sept enfants naquirent de ce mariage :

D. —   1° THIERRY-MICHEL SEVIN, seigneur de la Grange, gouverneur de Corbeil et de Riblemont, maréchal des camps
et armées du roi, baptisé, le 4 mai 1623, décédé,
en 1684, sans avoir d'enfant de son mariage avec
demoiselle CATHERINE-ANNE-MARIE COTTEREAU, fille
de Jacques Cottereau, commissaire des guerres, et
d'Anne de Bragelonne. Elle était déjà veuve, lorsqu'elle mourut et fut inhumée, le 9 août 1684, en
l'église de Saint-Paul à Paris.

2° JEAN-LOUIS, seigneur de l'Espinay, capitaine de cavalerie, gouverneur de Riblemont, mort sans alliance.

3° GÉDÉON, né le 10 septembre 1626 et baptisé le 17 sept.

4° NICOLAS, baptisé le 8 mai 1628.

5° MÉDÉRIC, d'abord prieur de Ligny, puis seigneur de
Ligny et de la Grange, baptisé, le 18 mars 1631, et
mort, sans laisser d'enfant de son mariage avec demoiselle MARIE DE LA VOYE.

6° MARGUERITE, baptisée en l'église Saint-Gervais, le
24 février 1632, et mariée 1° à messire HUGUES GRASSE-
TEAU, maître d'hôtel du Duc d'Orléans, 2° à M
DE MONTGERMONT.

7° LOUISE, baptisée le 16 août 1634.

Branche de Gomets-la-Ville

B. — JACQUES SEVIN, seigneur de Gomets-la-Ville, fils puîné de Guillaume Sevin et d'Anne Le Fèvre (laquelle se remaria avec Etienne Thévenin, sieur de Fontaynes), épousa, par contrat du 28 mai 1595, dame MARIE VÉRON, veuve de noble Jean de Maitz, fille de maître Prégent Véron, procureur au parlement, et de Claude Landas. Ils eurent sept enfants, dont quatre fils et trois filles :

C. — 1° GUY, qui suit,

2° MICHEL, religieux de Saint-Victor, prieur de Saint-Prix, décédé en 1662.

3° JEAN, religieux capucin, mort en juin 1669.

4° N...

5° MARIE, qui épousa 1° messire JACQUES DE GOISLARD, conseiller secrétaire du roi, 2° CHARLES DE MACHAULT, seigneur d'Ermenonville, devenu doyen du Conseil d'Etat. Elle mourut, le 31 janvier 1667, et fut inhumée à Saint-Etienne-du-Mont ; son second mari décéda aussi à Paris et fut enseveli à Saint-Nicolas-des-Champs.

6° CLAUDE, *aliàs* JEANNE, religieuse à l'abbaye de Chelles.

7° ISABELLE, religieuse aux Filles Sainte-Marie, à Paris.

— GUY SEVIN, seigneur de Gomets-la-Ville et de Blanlay, reçu maître des comptes, le 6 juin 1639, épousa, par contrat du 15 janvier 1640, demoiselle MARGUERITE PICHON, fille de Denis Pichon, conseiller secrétaire du roi, et de Marie Gaumont. Il mourut en sa maison du quai Dauphin, sur la paroisse Saint-Louis en L'Isle, au mois de juin 1670, âgé de 70 ans environ et laissant six enfants :

D. — 1° ALEXANDRE-JEAN, qui suit ;

2° DENIS, qui suivra après son frère ;

3º Marguerite, mariée, le 12 décembre 1660, à messire Claude Belot, seigneur de Penneux, maître des comptes, puis grand bailli du Palais;

4º Marthe-Marie-Françoise, mariée, le 30 avril 1664, à messire Jean Briçonnet, sieur des Tournelles, ancien conseiller des comptes;

5º Madeleine, religieuse à Gif, ainsi que la suivante;

6º Anne-Catherine.

— Alexandre-Jean Sevin, seigneur de Gomets-la-Ville, de Blanzay, de la Tournerie, etc, né en 1647, fut reçu, le 30 janvier 1674, conseiller à la 5e chambre des enquêtes du Parlement de Paris, où il devint président. Il mourut à Paris, en la paroisse Saint-Nicolas des Champs, le 22 janvier 1706, et fut inhumé aux Carmes Déchaussés. Le 6 mars 1693, il avoit épousé demoiselle Marie-Charlotte Le Musnier, fille de messire Pierre Le Musnier, seigneur de Rubelles et de Saint-Prix, président au parlement de Paris, et de demoiselle Élisabeth Mérot. Elle décéda, le 12 janvier 1710, après s'être remariée, en septembre 1706, avec Guillaume Benard, sieur de Bezay. Elle avait eu de son premier mariage cinq enfants:

E. — 1º Marie-Charlotte, née en 1674, et décédée en bas âge;

2º Alexandre-Claude, né en 1676, mort le 1er juillet 1680 et inhumé à Saint-Sulpice;

3º Marie-Anne, morte enfant;

4º Marie-Charlotte, née en 1684, décédée le 12 avril 1693 et inhumée à Saint-Sulpice;

5º Gabriel-Jean, né le 18 mars 1690 et baptisé à Saint-Sulpice, le lendemain.

Rameau de la Cochardière

D. — Denis Sevin, seigneur de la Cochardière, de Brossant, etc., second fils de Guy Sevin et de Marguerite Pichon, naquit vers 1652. Il épousa à Paris, le 26 février 1686, demoiselle Louise de Chambon, fille de messire François de Chambon, seigneur d'Arbouville, etc., et de demoiselle Louise de Hallot.

Elle mourut en 1737, ayant eu un fils :

E. — JEAN-LOUIS SEVIN, né le 3 février 1687, reçu conseiller au parlement de Paris, avec dispense d'âge.

Branches de la Voue, de Quincy, de Bandeville, etc.

III. — MACÉ SEVIN, habitant d'Orléans, qui serait fils de Jean et d'Isabelle Pizet, fût père de :

IV. — 1° GUILLAUME, qui suit;

2° VINCENT, qui épousa JEANNE GALMET, fille de Jean Galmet, sergent au bailliage d'Orléans. (*Dossiers bleus*, 614.)

— GUILLAUME SEVIN, sieur de la Voue, procureur au parlement de Paris, mort avant le mois de janvier 1573. (*D'après la quittance donnée par sa fille Jeanne.*) Il eut pour enfants :

V. — 1° FRANÇOIS, qui suit ;

2° GUILLAUME ;

3° JEANNE, veuve, en janvier 1573, de FLORENT LE GRAND, procureur au parlement et lieutenant-général de Beaumont ;

4° GENEVIÈVE, mariée à Messire NICOLAS DE VILLIERS, seigneur dudit lieu, avocat au parlement.

5° ISABELLE, femme de PIERRE ESMERY, sieur de Gaillon, morte sans enfants avant 1573 (*car elle ne figure pas dans l'acte de partage des biens de son père*).

— FRANÇOIS SEVIN, sieur de la Voue, procureur du roi au parlement de Paris, reçut, le 17 septembre 1556, des lettres patentes le nommant à l'office de conseiller en la Cour des aides en cette ville, vacante par la démission de Guillaume Dauvet [B. N. *Pièces originales*, 2700], président en cette cour, le 3 octobre 1575 [B. N. *Dossiers bleus : pr. d'Augustin*]. Il épousa, par contrat passé, le 1er juin 1555, devant *Jean de Louvencourt et Pierre Thuret, notaires au Châtelet de Paris*, demoiselle ANTOINETTE LE

7

Rebours, fille de Maître Germain Le Rebours, seigneur de Bertrand-
fosse, Morfontaine et Pailly, célèbre avocat de Paris, et de dame Marie
Cotton. Antoinette Le Rebours, dame de Quincy, était veuve, le 21 juillet 1581, jour où elle donna quittance comme exécutrice testamentaire
de son mari [B. N. *Pièces originales*, 2700]. On inventoria les biens de
celui-ci, à la requête de la dame de Quincy, le 25 octobre 1590 [*Artus Le
Vasseur et Jacques Landry, notaires au Châtelet*]. Le 15 janvier 1586, elle
avait donné une autre quittance [B. N. *Pièces orig.* 2700], comme héritière de Me Thierry Grassin, seigneur d'Ablon, avocat en la Cour, qui lui-
même avait été héritier de son frère Pierre Grassin, conseiller au parlement. Elle habitait alors Paris, rue Sainte-Avoye, paroisse Saint-Médéric.
Le 10 janvier 1590, elle proposa aux prévôt des marchands et échevins
de Paris le capitaine La Barrière, comme gouverneur de son château
d'Ablon. Il fut accepté sous la responsabilité de la dame d'Ablon. [Regis-
tres du Bureau de l'hôtel de ville de Paris, tome IX, fol. 569.]

Le 23 mars 1594, *Aulbert et Denet, notaires de Tours*, dressèrent l'accord
qu'elle fit avec Guillaume de Sevin, seigneur de la Garde, habitant dans
l'Agenais, pour lui céder des rentes contre les droits, qu'il tenait de son
père Hermand de Sevin, ancien juge mage d'Agen, sur la seigneurie de
Villenay en Orléanais. Enfin, on la trouve, le 6 avril 1607, présente à
l'acte de création de la tutelle de son petit-fils Charles Sevin.

De son mariage étaient nés cinq enfants :

VI. —   1º Thierry, qui suit ;

    2º Mathieu, conseiller du roi et auditeur des comptes, puis
        devenu religieux à la Grande Chartreuse, auprès de
        Grenoble ;

    3º Marguerite, qui était veuve de messire Jean de la
        Grange, seigneur de Trianon, quand elle épousa, par
        contrat du 1er juin 1587, messire Jean l'Escuyer, sei-
        gneur de Gressy, maître de la chambre des Comptes,
        lequel fut témoin de l'acte de mise en tutelle de
        Charles Sevin ;

    4º Marguerite, *la Jeune*, qui fut baptisée sous le nom
        d'Anne, en l'église Saint-André-des-Arcs à Paris, le
        le 29 mars 1573, et qui a le prénom de Marie [dans la

généalogie de *Pincé*. B. N. *Dossiers bleus*]. Elle avait
épousé, en 1597, noble JACQUES DE PINCÉ, sieur du
Coudray et de Bois-Pincé, maître des comptes, et fils de
Pierre de Pincé, conseiller des requêtes, et de Françoise
Aubery. Veuve au bout d'un an de mariage, elle se
voua à la prospérité et au développement du Carmel
en France. Le 24 décembre 1605, elle fit sa profession
sous le nom de mère *Marie de la Sainte-Trinité*; puis
elle alla fonder, en 1623, un monastère à Lectoure,
en 1628, un autre à Agen; en 1630, un nouveau à
Auch, où elle mourut, le 26 décembre 1656;

5° ISABELLE, baptisée à Saint-André-des-Arcs, le 19 novembre 1576, mariée, en 1600, à messire GILLES LE
MAZUYER, sieur de Fouilleuse, vicomte d'Ambrières,
de Milly et de Poissy, maître des requêtes, puis conseiller au parlement de Toulouse et enfin premier
président de cette cour. Il assista à la création de tutelle de Charles et mourut de la peste à Toulouse, le
10 octobre 1631 ; sa femme décéda en 1612.

— THIERRY SEVIN, seigneur de Quincy-les-Meaux, châtelain de Magny,
de la Cour du Bois et de Conflans, naquit en 1557 et mourut à Paris,
le 21 février 1627. Il avait été reçu conseiller au parlement de Paris, le
29 avril 1586 (Généal., ms. de M. A. de Sevin) ou le 4 février 1587
[B. N., *preuves d'Augustin*]; président aux enquêtes, le 24 mai 1612 [le 26,
d'après les preuves d'Augustin]. Le 31 janvier 1617, il recevait enfin des
lettres de conseiller d'État. Par contrat du 10 juillet 1593, il avait épousé
demoiselle MARIE DE VILLEMONTÉE, fille de messire Charles de Villemontée, seigneur de Montagnion, de Fretoy et d'Estroges, conseiller du
roi et son procureur au Châtelet de Paris, et de Marie de Vigny. Elle était
morte, le 6 avril 1607, quand son fils Charles fut pourvu d'une tutelle.
Par contrat du 20 juin 1610, passé pardevant *Rerbin et Bergeron, notaires
du Châtelet de Paris*, le sieur de Quincy se remaria avec demoiselle LOUISE
DU DRAC, dame de Bandeville, fille de M. Jean du Drac, seigneur de Bandeville, conseiller au parlement de Paris, puis maître des requêtes, et
d'Anne de Fictes. Ses enfants furent :

VII. —   Du 1er lit : 1° CHARLES, qui suit ;

2° MARIE, née le 4 août 1596 et morte le 22 janvier suivant ;

Du 2e lit : 3° JEAN, auteur de la *Branche de Baudeville.*

— CHARLES SEVIN, seigneur de Quincy et de la Corbillière, né le
28 mai 1595, maître des requêtes, le 4 janvier, *alias* le 9 juin 1634, après
avoir été d'abord conseiller au parlement de Bretagne, le 13 juin 1613,
puis à celui de Paris, le 1er mars 1622. Le 28 novembre 1631, il rendit foi
et hommage des fiefs, terres et seigneuries de la Cour du Bois et de Conflans, mouvant, de la Châtellenie de Saint-Calais [*Archives nationales.* Reg.
PP. 93, p. XXXIX]. Par contrat du 23 mai 1623, devant *Herbin, notaire au
Châtelet,* il épousa demoiselle MARIE LE MAISTRE, fille d'Augustin
Le Maistre, conseiller au Parlement de Paris, et d'Éléonore Le Picart. Ses
enfants furent :

VIII. —   1° THIERRY, qui suit ;

2° AUGUSTIN, né et baptisé à Saint-Médéric le 4 juillet 1627,
reçu chevalier de justice dans l'ordre de Malte en 1631,
et tué, le 26 juin 1656, au combat des Dardanelles, sur
le vaisseau de *la Religion,* qu'il commandait ;

3° AUGUSTIN, qui suivra après son frère aîné ;

4° MARIE, religieuse aux ursulines de Sainte-Avoye, à
Paris ;

5° M....., religieuse au monastère des Hautes-Bruyères ;

6° ÉLÉONORE, morte sans alliance, mentionnée dans une
filiation, dans laquelle ne figurent pas les deux filles
précédentes.

(Le sieur de Quincy eut, en outre, deux filles naturelles, CLAUDE et
MARIE SEVIN, qu'il avait eues de demoiselle MARIE CROISET et auxquelles
il constitua une rente annuelle, en 1644).

— THIERRY SEVIN, seigneur de Quincy, de Charny et de Montgodefroy,
reçu conseiller au parlement de Paris, le 24 mai 1658, président en la
2e chambre des enquêtes en 1674. Il mourut le 6 janvier 1695 et fut
inhumé aux Feuillants de la rue Saint-Honoré. En 1662, il avait épousé
demoiselle MARIE DE PARIS, veuve de Mre Etienne Brigard, conseiller au

parlement de Paris, et fille de M⁰ Claude de Paris, sieur de Contes, receveur à Chartres, et de Marie, ou Marguerite Marchant. Étant veuf, il se
remaria avec demoiselle MARGUERITE LE FÈVRE DE LA BARRE, fille d'Antoine
Le Fèvre, seigneur de la Barre, lieutenant-général des armées du roi, gouverneur des Iles d'Amérique, et de Marie Mandat. Il n'eut d'enfants que
de sa première femme :

IX. —   1° RENÉ, mort jeune ;
             2° MARIE-ANNE, née le 31 mai 1665 et morte sans alliance,
                le 2 septembre 1680.
             3° ELÉONORE, religieuse ursuline à Méry.

VIII. — AUGUSTIN SEVIN, seigneur de la Corbillière et de la Fleur-de-
Lis en Brie, né vers 1630, fut d'abord chevalier de Malte en juin 1656. Deux
ans après, il quitta l'ordre et épousa clandestinement, le 9 février 1660,
demoiselle MARGUERITE-FRANÇOISE DE GLAPION, fille de Guillaume de
Glapion, seigneur de la Boissière, ancien lieutenant-colonel du régiment
de cavalerie de Fervacques, et de Marguerite Tartereau. Le contrat sous
seing privé, de la veille, n'avait eu pour témoins que la mère, la grand'-
mère et le frère de la future. Le frère aîné du futur avait obtenu un arrêt
du parlement, du 31 janvier, interdisant à ce dernier de contracter mariage. Mais le parlement, après information, approuva l'opposition faite à
son premier arrêt et débouta l'aîné de sa prétention. Le 16 août, le mariage fut célébré à nouveau en l'église de Brie-Comte-Robert. En 1679, la
naissance d'un douzième enfant enleva la femme d'Augustin Sevin, qui
lui survécut une dizaine d'années. Ces enfants furent :

IX. —   1° AUGUSTIN, sieur de l'Épineux, près de Bellegarde, dans
                l'Orléanais, né le 27 novembre 1661, destiné d'abord
                à l'état ecclésiastique, puis marié, par contrat du
                30 septembre 1690, retenu par *Cavel, notaire au Châ-
                telet d'Orléans*, avec demoiselle MARIE-MARGUERITE
                MÉDON, fille de Simon Médon, sieur de l'Épineux et
                de Marguerite de Launay. Elle mourut, le 19 jan-
                vier 1697. Dans la même année, son mari se remaria
                avec demoiselle Marie de Givès, fille de feu Jacques
                Givès, avocat au siège présidial d'Orléans, et de Marie

Colombeau, qui s'était remariée avec Nicolas Sevin, sieur de la Croix et des Charmeaux. Deux enfants naquirent du premier mariage seulement :

> X. 1° Augustin, qui servit d'abord sur mer, puis dans le régiment de milices de Lannion et ne semble pas avoir été marié;
>
> 2° Anne-Marguerite, née et baptisée le 17 juillet 1694 à Cambrai (paroisse Sainte-Elisabeth, admise à Saint-Cyr en juin 1705 et enfin religieuse carmélite à Nantes).

2° Léonore, religieuse ursuline à Melun;

3° René, mort jeune;

4° Charles, « *marquis de Quincy* », seigneur de Charny et de Montgodefroy, né en 1664, sous-brigadier de la seconde compagnie des mousquetaires, capitaine et grand bailli de Meaux en 1699, brigadier des armées du roi, le 1ᵉʳ février 1719, après avoir été breveté lieutenant général de l'artillerie, le 1ᵉʳ octobre 1716. Il fut, en outre, lieutenant du roi en Basse-Auvergne, le 9 février 1720, chevalier de saint Louis et pensionnaire de 1500 livres depuis le 1ᵉʳ janvier 1728. On a publié, en 1726, un ouvrage, fort estimé, de lui : « *Histoire militaire du règne de Louis le Grand.* » Il mourut à Saint-Germain-en-Laye, en sa maison de la rue aux Miettes, le 10 janvier 1738, âgé de 73 ans. Le 3 juillet 1896, il avait épousé demoiselle Geneviève Pecquot, fille de Pierre Pecquot, sieur de Saint-Maurice, greffier du Conseil, et de Catherine de Lattaignant. Retirée, après la mort de son mari, d'abord aux Miramionnes du quai de la Tournelle, puis chez les Visitandines de Meaux, cette dame y mourut, le 6 février 1755.

> X. Leur fille unique, Catherine-Charlotte, née le 17 août 1699, épousa, le 3 novembre 1721, Messire René Jourdan de Launay, gouverneur de la Bastille. Elle se retira

aux Dames Hospitalières de la Roquette, et y
mourut le 28 février 1736.

5° MARIE-ANNE, religieuse à l'abbaye du Pont-aux-Dames ;

6° FRANÇOIS-THIERRY, seigneur de Bussy et du Cellier, capitaine au régiment de Chartres-infanterie, qui survécut à son frère le marquis de Quincy et avait épousé
la sœur de sa belle-sœur demoiselle CHARLOTTE-MAR-
GUERITE MÉDON ;

> X. Leur fils, FRANÇOIS, n'était pas marié en
> 1723 et ne paraît pas l'avoir été.

7° LOUIS, sieur de la Martinière, capitaine de grenadiers
au régiment de Boisseleau, tué au siège de Limerick
en 1689 ;

8° MARGUERITE, morte jeune;

9° THIERRY, successivement garde-marine, puis commissaire d'artillerie. Il fut tué au siège de Lérida, en 1709,
et avait épousé par contrat retenu par *Poullin, notaire
d'Orléans,* la sœur de sa belle-sœur, MADELEINE DE
GIVÈS. Leurs deux filles assistèrent à l'inventaire du
marquis de Quincy en 1738;

> X. 1° MARIE-MADELEINE-CHARLES.
>
> 2° MARGUERITE-CHARLOTTE, née et baptisée
> à Saint-Paul d'Orléans, le 30 juillet 1708, et
> reçue à Saint-Cyr, le 23 mai 1720.

10° PIERRE, sieur du Plessis, près d'Orléans, né le 18 janvier 1676, lieutenant au régiment d'infanterie du Dauphin, le 17 février 1694, puis capitaine, le 29 janvier 1696, démissionnaire en 1704, fut reçu chevalier
du Mont-Carmel et de Saint-Lazare en 1719. Il mourut, le 9 janvier 1752, à 76 ans, sans avoir eu d'enfant
de son mariage, du 1er février 1707, avec demoiselle
MARIE-FRANÇOISE DE MARGERET, fille de Pierre de
Margeret, grand audiencier de France.

11° JOSEPH, chevalier, puis comte deu Qincy, né en 1677,
mort en 1749 chevalier de Saint-Louis, lieutenant de

roi en Orléanais depuis 1749. Il fut l'auteur de *Mémoires*
fort intéressants sur ses campagnes, écrits de 1738 à
1742 environ. Admis dans les mousquetaires en 1697,
enseigne dans la compagnie colonelle du régiment de
Bourgogne, le 20 octobre 1701, il fut nommé capitaine,
le 31 janvier 1703 grade qu'il ne dépassa point. Le
8 mai 1714, il avait épousé, en premières noces démoi-
selle MADELEINE DE SÈVE, dame de Villarson et de Vil-
lefalier, près de Cléry, veuve de Me Anne Potier, seigneur de Notre-Dame du Parc. Elle mourut quinze
ans plus tard, laissant une fille unique :

> X. 1° CHARLOTTE-GENEVIÈVE, décédée à 16 ans,
> le 3 janvier 1732.

Par contrat du 26 juin 1732, le comte de Quincy se
remaria avec demoiselle MARIE-MADELEINE-EUGÉNIE
DE TOURNAY D'ASSIGNIES D'OISY, fille de Jean-Eustache,
comte d'Oisy et de Marguerite-Claire de Berghes-
Saint-Winocq. Elle mourut, sans avoir eu d'enfants,
à 47 ans, le 11 mai 1738.

12° ALEXANDRE, sieur de la Martinière, né en 1679, entré
aux mousquetaires en février 1699, lieutenant au régiment de la Vieille-Marine en décembre 1701, puis
capitaine. Il se fixa à Angers, en 1738, et avait épousé,
par contrat du 21 février 1705, [*Cuillerier, notaire au
Châtelet de Paris*] demoiselle JACQUELINE-ANNE DU
BUISSON, fille de Benoît du Buisson et d'Anne Pomart.
Ils eurent trois enfants :

> X. 1° FRANÇOIS - ALEXANDRE, né le 5 jan-
> vier 1708, mort jeune.
> 2° MICHELLE-ANGÉLIQUE, née le 21 décem-
> bre 1709, non mariée encore en 1731.
> 3° MARIE-MADELEINE, née le 26 novem-
> bre 1711, baptisé à Notre-Dame du Brouage,
> au diocèse de Saintes, le 16 décembre sui-
> vant, et reçue à Saint-Cyr en octobre 1723.

Branche de Bandeville

VII. — JEAN SEVIN, fils de Thierry Sevin et de Louise du Drac, fut seigneur châtelain de Bandeville, de Magny, de Marcé, de la Cour du Bois et de Conflans. Né le 31 mars 1611, il fut reçu successivement, le 12 janvier 1632, conseiller au Grand Conseil, le 16 janvier 1634, conseiller au parlement, le 9 février 1636, maître des requêtes. Il fut, enfin, nommé capitaine des chiens d'Ecosse du roi, chassant le lièvre. Il résigna ces charges en 1642, à la mort de sa femme, pour entrer dans les ordres et mourut au mois d'août 1650. Le 6 janvier 1637, il avait épousé demoiselle MARIE DU PRÉ, fille de Barthélemy du Pré, conseiller-secrétaire du roi, et de Marie Martin. Leurs enfants furent :

VIII. — 1° JEAN, pourvu, le 30 août 1653, de la charge de capitaine des chiens d'Ecosse, de son père, et dont il se démit lui-même, au mois de mars 1662. Il acheta un guidon dans la compagnie des gendarmes de Monsieur et eut la tête emportée par un boulet au siège de Lille, le 18 août 1667 ;

2° LOUIS, qui suit ;

3° CHARLES, dit *le Commandeur de Bandeville*, né le 24 avril 1640, reçu chevalier de Malte de minorité, le 9 mai 1647, fut capitaine dans le régiment de son frère et lui succéda comme colonel, à sa mort, en 1674. En 1677, il céda ce régiment à M. de Vaubecourt et obtint les commanderies de Villedieu-lèz-Bailleul en 1684, de Villedieu-Dreugesin, en 1691, de Fieffes en 1696, de Boncourt en 1705 (avec la charge de Grand Hospitalier du prieuré de France). En 1707, il était Grand prieur de Champagne, et il mourut à Paris, le 24 novembre 1718, laissant une fortune considérable à son ordre ;

8

4° MARIE-GENEVIÈVE, qui épousa, en 1669, Mᵉ TANNEGUY
DU MONCEL, sieur de Richemont, conseiller au parlement de Paris.

— LOUIS SEVIN, marquis de Bandeville, d'abord lieutenant au régiment
des Gardes françaises en 1668, devint colonel de ce régiment. Il mourut
le 3 novembre 1674, des blessures qu'il avait reçues à la bataille d'Ens-
heim. Il avait été seigneur châtelain de Magny, de Brehenville, de
Carouge, de Marcé, de la Cour du Bois, de la Quarellière et de Montadon.
Sa veuve, ANGÉLIQUE-MARIE-MADELEINE GUÉRAPIN DE VAURÉAL, fille
d'Antoine Guérapin, seigneur de Vauréal, et de Madeleine Texier d'Hautefeuille, décéda le 3 décembre 1712, laissant un fils :

IX. —   1° LOUIS, marquis de Bandeville, d'abord capitaine au régiment de la Reine, puis colonel d'un régiment d'infanterie qu'il leva par commission, le 4 janvier 1702. Il
fut tué à la bataille d'Hochstedt, le 13 août 1704, sans
avoir contracté d'alliance.

Branches du Perche et du Maine

La Généalogie qui suit est celle d'une branche de la famille de Sevin et communiquée par M. Raoul de Sevin. Nous la reproduisons intégralement, en supprimant toutefois ce qui s'y trouve dit pour l'ensouchement de cette branche avec l'une de celles que nous venons de voir. Là, se trouve une erreur chronologique telle qu'il n'y a pas lieu d'hésiter. La jonction de cette branche avec les autres se fait d'une toute autre façon, c'est positif. Ne sachant par quel personnage ni à quelle branche faire le raccord, nous indiquerons les degrés de filiation comme s'il s'agissait d'une famille absolument distincte de la précédente. Nous ajouterons des annotations et des compléments étrangers au manuscrit communiqué. Mais pour les distinguer du texte lui-même, nous ferons précéder ces additions d'une astérique, soit entre deux parenthèses, soit en tête d'un alinéa, le texte primitif devant reprendre à l'alinéa suivant.

Branche de l'Auberdière

I. — Nicolas Sevin, notaire royal au Châtelet d'Orléans, épousa, vers 1520, Michelle Delescluse, de laquelle il eut entre autres enfants :

II. — Nicolas Sevin, seigneur de Troigny, en Beauce, marié, vers 1550, à demoiselle Louise Poupard, dont naquit quatre enfants :

III. —   1° Michel, qui suit ;

2° Marie ;

3° Jacques ;

4° Eléazard, auteur de la *Branche de Troigny*, page 64.

— Michel Sevin, qualifié capitaine en 1572 et, en 1573, capitaine d'Orléans et Bidel général de l'Université, épousa : 1° Anne Le Vassor, dont un fils ; 2° Madeleine Boislève, dont huit enfants :

IV. — (De la 1ere).   1° Charles, baptisé le 13 mars 1566 ;

(De la 2e).   2° Philippe, qui ne vivait plus en 1627 ;

3° Nicolas, président au siège présidial d'Orléans, ne vivant plus en 1627 ;

4° Pierre, conseiller du roi et substitut du Procureur général en la Cour, depuis le 20 juillet 1607, puis prieur de Notre-Dame de Pont-sur-Seine, mort en 1630, après avoir fait le 1er octobre 1627 un testament olographe.

5° Claude, qui suit ;

6° Madeleine, baptisée le 11 septembre 1567, et mariée à Paris avec Guy de Royer.

7° Michelle, baptisée le 30 novembre 1569 ;

8° Anne ;

9° Françoise.

— CLAUDE SEVIN, seigneur de l'Auberdière, procureur en la Cour du parlement de Paris, demeurait dans la rue Geoffroy-Langevin, lors de son mariage. Il épousa [1], par contrat du 31 mai 1620 reçu par *De la Croix et Desnoyers, notaires au Châtelet,* demoiselle CATHERINE DE LA POUSTOIRE, fille de feu maître Etienne de la Poustoire, procureur au parlement, et de dame Renée Le Breton, sa veuve. Le futur était assisté de M⁰ Thierri Sevin, conseiller aux conseils du roi et président des enquêtes au parlement, Mr. M⁰ Jacques Sevin, seigneur de Miramion, conseiller au grand conseil, Mr. M⁰ Robert Colbert, conseiller au parlement et commissaire des requêtes, Mr. M⁰ Charles Sevin, seigneur de Quincy, conseiller en la Cour, M⁰ Pierre Sevin, substitut du procureur général en la cour des aides, son frère, M⁰ Barthélemy Sevin, naguère notaire royal à Orléans, Samuel Sevin, écuyer, maître d'hôtel de Madame la Duchesse de Sully, M⁰ Claude Paris, avocat en la cour et au conseil privé, M⁰ Jacques Noël, intendant de M. de Béthune, M⁰ Jacques Le Vassor et M⁰ Michel Sevin. La future l'était de noble homme M⁰ Etienne de la Poustoire, avocat en la cour, son frère, M⁰ Jacques Touquoi, avocat en la cour, son beau-frère, noble homme M⁰ Félix de la Mothe Le Vayer, conseiller du Roy et substitut du Procureur général, son oncle, M⁰ Claude Maréchal, son beau-frère, procureur au Châtelet, noble homme Germain de la Poustoire, conseiller du roi et Elu en l'élection de Paris, son cousin, noble homme, M⁰ Charles Isambert, conseiller au Châtelet de Paris, M⁰ Etienne Aimar, son cousin germain, huissier audiencier du lieutenant criminel de robe courte, et de M. Itier, son cousin, sergent à verge au Châtelet,

Onze enfants naquirent de cette union :

V. —   1⁰ LOUIS, baptisé en l'église Saint-Jean en Grève de Paris, le 16 octobre 1621 ;

2⁰ PIERRE, baptisé le 1ᵉʳ mars 1623, adopté par son oncle et parrain Pierre, qui le nomma son héritier universel en son testament du 1ᵉʳ octobre 1627 ;

1. Le manuscrit fixe la date au 4 juin, mais dit Catherine de la Poustoire, fille de Maître Louis de la Poustoire, conseiller du roi au siège présidial de Chartres, et de demoiselle Françoise Le Vayer, fille elle-même de Monsieur François Le Vayer, seigneur de la Mothe, lieutenant général au siège présidial du Mans en 1590, et de dame Gatienne Le Breton. Cela ne concorde pas avec le dire du contrat cité plus haut.

3° GATIENNE, baptisée le 25 avril 1624 ;

4° CATHERINE, baptisée 20 janvier 1627 ;

5° CHARLES, baptisé le 11 octobre 1629, filleul de messire
Charles Sevin de Quincy, conseiller au parlement.

6° MARGUERITE, baptisée le 9 mars 1633, et mariée, le
10 septembre 1659, avec Mre CLAUDE DE BIGOUT,
écuyer, seigneur d'Hubermenil, au diocèse de Rouen.

7° MARIE-GUYONNE, baptisée le 7 juillet 1635, filleule de
Charles Sevin de Quincy, maître des requêtes ;

8° RENÉE, baptisée le 11 août 1637 ;

9° CLAUDE, qui suit ;

10° MICHELLE ;

11° JEANNE.

— CLAUDE SEVIN, écuyer, seigneur de l'Auberdière en 1669, et,
depuis, du Fresne et de la Guillonnière au Maine, en 1676. Il fut pourvu,
par brevet du 4 novembre 1669, de la charge de l'un des quatre gentilshommes ordinaires du duc d'Orléans et prêta le serment de réception,
le 8 février 1670. Baptisé en l'église Saint-Jean en Grève, le 26 octobre 1638, il mourut le 11 février 1727, après s'être marié deux fois. * Par
contrat du 19 novembre 1669, pardevant *Manchon et Baudri, notaires au
Châtelet*, il épousa demoiselle ANNE PIQUES, fille de feu Olivier Piques,
conseiller et secrétaire du roi, et de demoiselle Marie Le Vasseur, qui
habitait rue des Blancs-Manteaux. Lui-même résidait rue du Chaume et
avait pour témoins S. A. R. Mgr le duc d'Orléans, sa mère Catherine de
la Poustoire, veuve du seigneur de Lauberderie, son père, noble homme
Jean Le Marechal, avocat en la cour, cousin germain maternel, et dame
Françoise Bouchardeau, sa femme ; dame Madeleine Touquoi, veuve de
Mre Jean Olivier, conseiller au Châtelet et maître d'hôtel du roi, sa cousine germaine maternelle ; noble homme Jean Touquoi, seigneur de la
Gitonnière et du Pesne, cousin germain maternel ; Illustrissime et Révé-
rendissime messire Nicolas Sevin, évêque, baron et comte de Cahors ;
Mre François-Marie Sevin, seigneur des Cheries, conseiller du roi, bailli et
garde des sceaux de l'artillerie de France, capitaine-lieutenant d'une compagnie de cavalerie pour le service de Sa Majesté et chevalier de l'un de
ses ordres ; Mre Gui Sevin, chevalier, seigneur de Gomets, conseiller du

roi, maître ordinaire en sa chambre des comptes, cousins paternels ; Mᵉ Antoine Turgot, chevalier, seigneur de Saint-Clair, maître des requêtes ordinaires de son hôtel, Mʳᵉ Adrien de Hauvel, marquis de Crèvecœur, secrétaire des commandements de S. A. R. Monsieur, etc.

* Le 21 décembre 1686, *Boursier et Baudri, notaires du Chatelet*, retinrent le contrat de son second mariage avec demoiselle Marie Le Clerc du Tremblai, demeurant rue Saint-Antoine et fille de Mᵉ Henri-Marie Le Clerc, chevalier, seigneur du Tremblai, conseiller du roi en ses conseils, maître des requêtes ordinaire en son hôtel, et de feu Dame Marie Malo. Il était assisté de Pierre Sevin, écuyer, seigneur de la Brosse, son neveu ; Mᵉ François-Marie Sevin, écuyer, l'un des gentilshommes de Sa Majesté, seigneur des Chéries, cousin issu de germains ; dame Geneviève-Madeleine Mazé de Bérangeville, sa femme ; Mʳᵉ Charles Sevin, archiprêtre de l'église de Peyrac, cousin issu de germain ; Mᵉ Jacques Piques, seigneur de Marsan et de Traux, conseiller à la cour des aides, ci-devant résident pour S. M. en Suède ; Mᵉ François Le Marie, conseiller au grand conseil, et dame Catherine Piques, sa femme ; Jean Piques, écuyer, conseiller secrétaire du roi, beaux-frères et belles-sœurs, à cause de feu Dame Anne Picques, femme en premières noces du futur, etc... La fiancée, assistée de haut et puissant seigneur Frédéric de Schomberg, comte Saint-Empire et maréchal de France, grand de Portugal, et de Dame Suzanne d'Aumale, sa femme, de demoiselle Jeanne d'Aumale-Haucour, sœur de ladite maréchale, cousines de la future ; de haut et puissant seigneur Mᵉ Gaston de Goth, marquis de Rouillac, duc d'Epernon, cousin, etc.

De cette seconde union Claude Sevin n'eut pas d'enfant ; de la première étaient nés :

VI. —   1° CLAUDE, seigneur de Villemer, dans le Perche, capitaine dans le régiment des Bombardiers en 1700, gentilhomme ordinaire du Duc d'Orléans, frère du roi, mort sans alliance, le 3 avril 1728 ;

2° NICOLAS, sieur de Fresne, gentilhomme ordinaire du duc d'Orléans ;

3° ANTOINETTE.

Branche de Troigny

III. — ELÉAZARD SEVIN, sieur de Troigny et de Champgasté, avocat en la cour de Paris, conseiller et procureur en la cour d'Orléans en 1595, fut reçu chevalier de l'ordre de Saint-Michel, le 22 janvier 1632. D'après le certificat de messire Charles d'Angennes pour sa réception dans l'ordre, « .... Lieutenant des Gendarmes du Roý, ayant rendu de très grands ser-
« vices à l'État durant les troubles de la Ligue et n'ayant pas voulu adhé-
« rer à la rébellion des habitants de la ville d'Orléans, il s'en retira avec
« perte de ses biens et charges, sous aucune récompense. Depuis, ayant
« fait la guerre, il y auroit servi avec tout l'honneur et le succès que l'on
« pouvoit attendre de sa fidélité. Il y auroit reçu plusieurs blessures. Il
« contribua puissamment à la réduction de la ville d'Orléans, étant
« alors maréchal des logis dans la compagnie du Comte de Créance, dont
« il fut depuis lieutenant. En suite de quoy, le feu roy Henry IV l'honora
« de l'ordre de Saint-Michel, en considération de ses recommandables
« services, particulièrement au secours de Port-Louis... »

Il était le troisième fils de Nicolas Sevin et de Louise Poupart et naquit à Orléans vers 1562. Il mourut vers 1630, ayant épousé au Mans, par contrat du 31 janvier 1598, demoiselle RENÉE VASSE, fille de René Vasse, écuyer, sieur de la Pommeraye. Elle était veuve, lorsqu'elle mou-rut, le 9 mars 1653, laissant pour enfants :

IV. —   1° MICHEL, auteur de la *Branche de la Pommeraye*, page 68.

            2° CHARLES, qui suit ;

            3° NICOLAS, né à Paris en 1613, abbé commendataire de Wil-
            mer, ordre de Saint-Augustin, au diocèse de Boulogne
            évêque et seigneur de Sarlat, en 1648. Après avoir
            administré ce diocèse pendant dix ans, il se démit de
            ce siège et fut nommé coadjuteur d'Alain de Solmini-
            hac, évêque de Cahors; puis, à la mort de celui-ci,
            31 décembre 1659, il lui succéda. En 1660, il fit son

entrée solennelle en cette ville, et prêta serment de fidélité au Roi à Toulouse, pendant le séjour qu'y fit ce prince. Il fut l'ami de saint Vincent de Paul et mourut à Paris, dans la maison des Missionnaires de Saint-Lazare, le 9 novembre 1678, âgé de 65 ans.

4° René, demeurant à Sillé-le-Guillaume, sans alliance;

5° Marie, femme de Me Etienne du Chesne, maître d'hôtel ordinaire du roi;

6° Elisabeth, femme de noble homme Denis du Tertre, seigneur de la Cormusière, demeurant au Mans;

7° Catherine, qui épousa, le 17 juin 1659, en l'église de Sillé-le-Guillaume, Me Pierre Le Maire, écuyer, seigneur des Huteraux, de Magny-le-Désert;

8° Angélique, dame des Roches, religieuse en l'abbaye royale de Sezanne, en Champagne.

— Charles Sevin, Seigneur de Troigny et de Champgasté en Beauce, né à Orléans vers 1602, décéda, le 20 mai 1669, en sa terre de Clichy-la-Garenne. Il épousa, vers 1626, mademoiselle Suzanne Croyer, fille de Daniel Croyer, écuyer, seigneur de Bizay, et de dame Suzanne Charpentier. Il fut conseiller du roi en ses conseils d'Etat et privé, puis chevalier de Saint-Michel. Il reçut des lettres de noblesse, en même temps que son frère Michel Sevin, seigneur de la Pommeraye, en juin 1633, lesquelles furent enregistrées à la chambre des comptes, le 2 août, et à la cour des aides, le 5 octobre de la même année. Il fut nommé chevalier de Saint-Michel, par lettres données à Saint-Germain le 30 décembre 1636. Ses 7 enfants furent :

V. — 1° Charles, conseiller du roi, protonotaire du Saint-Siège, abbé de Saint-Jean de Genève, archidiacre de Cahors, archiprêtre de l'église de Peyrac, en Quercy (1662), chevalier des ordres des SS. Maurice et Lazare, décédé à Paris, le 7 avril 1667, et inhumé, le surlendemain, à Saint-Landry;

2° François-Marie, qui suit;

3° Charles, sieur des Fossés, d'abord mousquetaire du roi en 1662, entré ensuite dans les ordres et devenu

9

bachelier en Sorbonne, archiprêtre de Peyrac, chanoine de Cahors ; vivant encore en mai 1700.

4° JEAN, abbé de Saint-Jean de Genève.

5° THIERRY, Seigneur d'Appoigny, qui abandonna, à titre
d'échange, conjointement avec MARIE-GUYONNE, sa
sœur, épouse de René Sevin, Sieur des Aprêts, à
Guy Sevin, maître des comptes, une maison située à
Paris et leur appartenant par moitié, comme héritiers de leur mère Suzanne Croyer. Il habitait la
paroisse de Comée en Beauce, auprès de Patay, et y
mourut le 10 septembre 1667. Il avait épousé
1° demoiselle GENEVIÈVE DE GIVÉS, qui lui laissa
une fille ; 2° demoiselle MARIE-THÉRÈSE DE GIVÉS,
peut-être sœur de la précédente. Cette dernière survécut à son mari, prit en aversion sa belle-fille et
se remaria avec Jean de Roard, chevalier, seigneur
de Boutonvilliers.

Cette fille unique se nommait :

VI. SUZANNE-EDMÉE, dame d'Appoigny, morte
sans alliance ;

6° MADELEINE-THÉRÈSE, qui testa le 20 janvier 1714,
mourut dans le courant de l'année, non mariée ;

7° MARIE-GUYONNE, qui épousa à Paris, le 24 juillet 1 62,
RENÉ SEVIN, écuyer, Seigneur des Aprêts, lieute-
nant de cavalerie au régiment du Roi, fils de
MICHEL SEVIN, Seigneur de la Pommeraye et de
MADELEINE DE FOGI, cousins germains l'un de l'autre.

Le partage des biens de la succession de feu Messire Charles Sevin,
chevalier, Seigneur de Troigny, eut lieu entre ses enfants, par un acte
du 10 septembre 1667, qui les nomma comme il suit. Thierry, seigneur
d'Appoigny : François-Marie, seigneur de Chéries, capitaine-lieutenant de
cavalerie : Charles, clerc au diocèse de Paris ; Marie-Guyonne, femme
de René Sevin, seigneur des Apretz : Madeleine-Thérèse ; Pierre, seigneur
de la grange Saint-Michel ; Jean-Michel, absent du royaume.

FRANÇOIS-MARIE SEVIN, chevalier, seigneur des Chéries, chevalier des
ordres en 1661, fut capitaine de cavalerie en 1662, chevalier de Saint-

Michel, 28 avril 1665, conseiller du roi, bailli et garde des sceaux de l'artillerie de France, capitaine-lieutenant d'une compagnie de cavalerie en 1669 et l'un des gentilhommes ordinaires en 1684.

Il était né vers 1630, et résidait à Paris, le 17 septembre 1669, rue des Bernardins, sur la paroisse de Saint-Nicolas du Chardonneret. Il n'eut point d'enfant du mariage qu'il contracta, le 23 septembre 1662, devant *Houny et d'Orléans, notaires du Châtelet*, avec demoiselle GENE-VIÈVE-MADELEINE MAZE, fille de Jean Maze, écuyer, seigneur de Bérangeville, et de demoiselle Madeleine des Prés.

Branche de la Pommeraye

IV. — MICHEL SEVIN, écuyer, Seigneur de la Pommeraye, fils aîné d'Eléazard Sevin, seigneur de Troigny, et de Renée Vassé, fut avocat au parlement de Paris, maître d'hôtel ordinaire du roi, reçu Chevalier de Saint-Michel, le 20 janvier 1660. Au mois de juin 1633 il fut confirmé dans sa noblesse et nommé, le 20 octobre suivant, lieutenant-général à Sillé-le-Guillaume, en remplacement de son frère. Né à Orléans vers 1603, il mourut en 1662. Le 26 juillet 1632, il avait épousé à Paris demoiselle MADELEINE DU FAY, fille de M. Jean du Fay, écuyer, avocat au parlement. Elle décéda à Sillé-le-Guillaume, le 5 juillet 1676, ayant eu 19 enfants, dont huit seulement survécurent :

V. —   1° MARIE-RENÉ, qui suit ;

2° SUZANNE, née le 15 octobre 1636, religieuse au couvent de N.-D. des Anges à Beaumont, le 28 juin 1656.

3° RENÉE, baptisée à Sillé, le 13 octobre 1637. (*Arch. dép. de la Sarthe*).

4° CHARLES-ANNE, né le 14 septembre 1641, chapelain de la chapelle de la Plena à Saint-Aubin-Fossé-Louvain, 2 avril 1654.

5° MICHEL-MADELON, écuyer, sieur de Baudroy, né le 13 août 1643, prêtre, chanoine de Trégnier et vicaire-général du diocèse, décédé sur la paroisse Saint-Sébastien, le 18 août 1699.

6° NICOLAS-MARIE, Seigneur des Chéries, avocat au parlement, juge du marquisat de Courtarvel, le 3 juillet 1696 ; né à Sillé-le-Guillaume le 26 février 1647, et décédé en ce lieu, sans avoir eu d'enfants de ses deux mariages 1° avec demoiselle ELÉONORE MIZAULT, fille de noble François Mizault, avocat au

parlement, 2°, le 9 octobre 1705, avec demoiselle
MARIE BRISEBARRE ;

7° PIERRE, écuyer, seigneur des Fougerais, né le 30 décembre 1650 et décédé sans alliance le 18 juillet 1724 ;

8° JEAN, baptisé à Sillé-le-Guillaume, le 28 juin 1653,
capucin en la province de Lorraine sous le nom de
R. P. Jean-François de Sillé ;

9° CATHERINE, baptisé à Sillé, le 4 mars 1656.

— RENÉ-MARIE SEVIN, écuyer, seigneur des Aprêts, né à Sillé,
le 8 août 1633, fut capitaine au régiment du Roi. Il mourut à Sillé,
le 16 novembre 1685 et fut inhumé en l'église des Minimes. Il avait
épousé à Paris, le 22 juillet 1662, demoiselle MARIE-GUYONNE SEVIN,
sa cousine germaine, fille de Charles Sevin et de Suzanne Croyer.
Elle mourut en 1713 ou 1714, ayant eu 8 enfants :

VI. — 1° PIERRE, écuyer, seigneur des Aprêts, né le 2 février 1676,
au service du roi dans le régiment de la Rochethulon,
vivant encore le 21 septembre 1707 ;

2° RENÉ, qui suit ;

3° JEAN-FRANÇOIS, né à Sillé le 16 février 1665, mort en
bas-âge ;

4° MARIE-MADELEINE ;

5° MICHEL, mort enfant ;

6° MARIE-RENÉ, née à Sillé le 24 février 1670, décédée,
le 8 mars 1747, ayant épousé, le 3 mai 1715, messire
JACQUES DE MORÉ, écuyer, seigneur d'Ambiers, garde
du corps du roi, mort à Sillé le 31 janvier 1746,
sans enfant, et fils de feu Me Louis-Charles de Moré,
seigneur de Chauffour, et de demoiselle Françoise
Metivier ;

7° FRANÇOIS-MARIE, clerc du diocèse de Paris, mort jeune ;

8° MARIE-GENEVIÈVE, mariée à M. LE TELLIER, docteur
en médecine de Paris.

— RENÉ SEVIN, écuyer, seigneur de la Saussaye et des Aprêts, né
à Sillé en 1680, y mourut le 11 août 1725. Le 11 juin 1718, il avait
épousé, demoiselle ANNE BRISEBARRE, fille de M. Louis Brisebarre, avocat

au parlement et au siège présidial du Mans, et de demoiselle Anne
Brindeau. Elle mourut aussi à Sillé, le 14 novembre 1760, ayant eu
cinq enfants :

VII. —   1º René-Louis, qui suit ;
           2º François-Bernard, qui suivra ;
           3º Marguerite, née à Sillé le 4 novembre 1712 ;
           4º Anne-Elisabeth, née le 31 août 1715 ;
           5º André-Jacques, né le 16 mai 1716.

— André-Louis Sevin, chevalier, Seigneur des Aprêts, né à Sillé
le 6 mars 1709, décéda en son hôtel à Paris, rue de Savoie, sur la
paroisse Saint-André-des-Arts, le 20 décembre 1740. Il avait été capitaine
au régiment de Murat et s'était marié, le 9 décembre 1733, en l'église
paroissiale de Notre-Dame de Gourdaine, au Mans, avec demoiselle
Marguerite-Françoise Fabry d'Oigné, fille de messire Charles-René
Fabry, écuyer, seigneur d'Oigné, lieutenant d'artillerie à Cambrai,
chevalier de Saint-Louis, et de dame Catherine Knepper. Le contrat
avait été établi par Mᵉ Gaudol, notaire au Mans le 3 décembre précédent. Cette Marguerite d'Oigné, devenue veuve, se remaria deux autres
fois : 1º en 1743, avec Pierre-Antoine Berland, seigneur de Bois Hüe ;
2º, avec Matthieu-Louis Le Gaigneur, sieur de Montgâteau. Elle
mourut à Fougères, le 26 août 1779, ayant eu 4 enfants de sa première
alliance.

VIII. —   1º Marguerite-Françoise-Anne, née à Sillé le 22 sep-
              tembre 1735, élevée auprès de sa tante, l'abbesse de
              Bandeville, près de Rouen ;
           2º Anne-Renée-Charlotte, décédée sans alliance ;
           3º Renée-Aurélie-Flore, née au Mans le 6 décembre 1738,
              religieuse à Soissons en 1766, décédée à Mortagne,
              le 7 juin 1817.
           4º Louis-Gabriel-Amédée-René Sevin, seigneur des
              Aprêts, né à Paris le 22 septembre 1740, baptisé le
              22 octobre suivant, à Saint-André-des-Arts, filleul de
              haut et puissant seigneur messire Philippe-Amédée
              dy Saza de Villefort de Moutier, chevalier de Saint-

Jean de Jérusalem, mestre de camp de Clermont-
cavalerie, et de très haute, très puissante et très
illustre princesse S. A. Madame Julie-Louise-Gabrielle
de Rohan-Guéménée. Il décéda au Grez, auprès de
Sillé, le 8 février 1785, il avait épousé à Caen, par
contrat du 18 décembre 1773, noble demoiselle
MARIE-JEANNE-FRANÇOISE ERNAULT D'ESCAJEUL, fille
de messire Pierre-Alexandre Ernault, seigneur d'Escajeul, et de dame Duthon d'Avron. Elle mourut à
Sillé-le-Guillaume, le 24 février 1808, laissant deux
enfants :

IX. — 1º LOUIS-ALEXANDRE-FRANÇOIS, seigneur d'Aprêts, né à
Saint-Thomas-de-Tonques en Auge (Calvados), le
28 septembre 1774, mort à Sillé-le-Guillaume, ayant
eu cinq enfants de son mariage, en 1800, avec mademoiselle JEANNE PONTONNIER :

X. 1º EUPHRASIE-MARIE, née en 1801, morte
sans alliance ;

2º AMÉLIE, née le 13 novembre 1802, mariée
le 6 mai 1833, à M. HECTOR LÉPINE, receveur de l'Enregistrement ;

3º LOUIS-ALEXANDRE, né en 1804, mort sans
alliance, en 1822 ;

4º MÉLANIE-FRANÇOISE, née en 1806, morte
en 1832, sans alliance ;

5º ZÉLIE, née en 1809, morte en 1835, non
mariée.

2º RENÉ-LÉONARD DE SEVIN, né à Beaumont-le-Roger
(Eure), le 31 janvier 1776. Il épousa le 20 janvier 1801, dans l'église Saint-Étienne de Sillé, demoiselle ELISABETH FLEUTRIN, et mourut à Saint-Pierre-
la-Cour, le 23 juin 1837. Sa veuve décéda à
Saint-Pierre-sur-Orthe, le 15 juillet 1877, ayant eu
3 enfants :

X. —   1° MARIE-EUPHRASIE, née à Saint-Pierre, le 1er novembre
            1801, et morte le 17 avril 1820, non mariée ;

        2° ARMANDINE-RENÉE-LOUISE, née le 22 mars 1809,
            décédée au Mans, en 1823.

        3° EDOUARD-RENÉ-JUSTIN, né à Saint-Pierre, le 29 fé-
            vrier 1820, mort à Evron (Mayenne) le 14 no-
            vembre 1877, ayant épousé, le 26 novembre 1850,
            demoiselle ERNESTINE-MARIE-HORTENSE-JULIE LIVET
            DE MONFEU, fille de M. Charles-Louis-Joseph Livet
            de Monfeu et de dame Virginie-Maria-Jeanne Belard
            de Planty. Ils ont eu quatre enfants, dont deux ont
            survécu :

XI. —   1° RAOUL-MARIE-LOUIS DE SEVIN, né au château des Bois, le
            8 avril 1853.

        2° ALEXANDRINE-MARIE-GENEVIÈVE, née au château des
            Bois, le 1er janvier 1855, mariée à Evron, le
            17 avril 1877, M. XAVIER-ADAM-MARIE, Vicomte DE
            BLOIS, fils de feu Aymar Vicomte de Blois et de
            dame Joséphine Deschamps du Méry.

—————

VII. — FRANÇOIS-BERNARD-ANDRÉ DE SEVIN, contrôleur à Sillé-le-Guillaume, second fils de René et d'Anne Brisebarre, né à Silli, le 28 juin
1720, y mourut, le 15 août 1782. Il épousa d'abord, le 11 juin 1748, à
Sillé, demoiselle CHARLOTTE-JACQUINE DE PAVET DE LA CLÉMENTIÈRE, fille
de Me Jacques-Pierre Pavet de la Clémentière, procureur fiscal au siège
de la baronnie de Sillé, et de dame Marie-Charlotte Jousset des Beneries.
Devenu veuf, il se remaria avec demoiselle MARIE-MARGUERITE BOUVET
DE LA ROCHE, fille de Me Jean-Baptiste Bouvet, seigneur de la Roche.
Celle-ci lui donna un fils, tandis qu'il avait eu deux enfants de son premier mariage.

VIII. — (1er lit) 1° JACQUINE-CHARLOTTE, née à Sillé le 4 avril 1749,
            mariée à M. MASLIN.

        2° FRANÇOIS-CHARLES, né à Sillé le 8 août 1750.

(2e lit)   3° JEAN-BAPTISTE DE SEVIN, écuyer, né à Sillé, le 18 novembre 1756. Il était officier du génie à Brest le 25 juillet 1781 et fut tué à Quiberon en 1794. Il laissa une fille unique du mariage qu'il avait contracté, vers 1785, avec Mademoiselle DE KERAMDEC.

XI. — 1º N. DE SEVIN.

Branche de la Rivière

— Michel Sevin, sieur de la Rivière, près de Beaumont-le-Vicomte, épousa, le lundi 7 janvier 1613, en l'église Saint-Martin d'Evron, demoiselle Anne Pellier, fille de René Pellier, seigneur de la Lande, et de Renée Hayrean. Elle était née le 1er novembre 1596 et eut pour enfants :

    1° Marin, qui suit ;

    2° René, seigneur de la Huardière, décédé sans alliance ;

    3° Pierre, conseiller du roi, juge civil et criminel au duché de Laval, lequel mourut après 1697, sans laisser d'enfant de son mariage avec Mademoiselle Anne Le Clerc, fille de Me Denis Le Clerc, sieur de Vaugeois, président en l'Election de Laval.

    4° Marie, qui épousa, le 8 juillet 1657, Claude de Fontenai, seigneur de Soisay et Montgaudri, fils de Pierre de Fontenai, gentilhomme de la Chambre, et de Marthe de Bouvoust.

— Marin Sevin, chevalier, seigneur de la Rivière et de Fresnay-au-Maine, reçut des lettres de noblesse, enregistrées en la cour des Aides de Paris, le 26 octobre 1656, et fut nommé prévôt des maréchaux de France à Laval. Il épousa, vers 1656, demoiselle Renée Lefebvre et, en secondes noces, dame Marguerite Sevin, sa cousine, veuve de noble messire René Foureau, sieur de Coullée, avocat au parlement, et fille de Me Marin Sevin, lieutenant général civil et criminel du duché de Beaumont, et de dame Jeanne Danguy. Une seule fille provint de la première alliance.

    1° Anne-Madeleine-Geneviève, baptisée le 28 mars 1657, et mariée, par contrat du 18 novembre 1678, à messire Gabriel de Scépeaux, chevalier, seigneur du Coudray et de Challonge-la-Boissière, maintenu dans sa noblesse par M. Chauvelin, intendant de Tours, et fils de Michel de Scépeaux et de Françoise de Boistaillé.

— Marin Sevin, conseiller du roi, lieutenant général civil et criminel du duché de Beaumont, (probablement l'un des fils de Michel Sevin et de Marie Boislève, puisqu'il était oncle de Marin Sevin, sieur de la Rivière, qui épousa sa cousine germaine Marguerite Sevin, dont lui-même était père), se maria, en 1620, avec Mademoiselle Jeanne Danguy, fille de feu noble François Danguy, sieur de Boisdroits, avocat au siège présidial du Mans, et de dame Anne Aubert. Elle était veuve, le 1ᵉʳ février 1647, mais elle eut une fille :

> 1° Marguerite, mariée deux fois : 1° avec noble René Foureau, avocat au parlement, fille de noble René Foureau, sieur de Coullée, conseiller du roi au présidial de la Flèche, et de Mademoiselle Claude Marsollier, dame de Segré ; 2° avec Marin Sevin, sieur de la Rivière, fils de Michel et d'Anne Pellier de la Lande.

— François Sevin, lieutenant-général de la Baronnie de Beaumont, le Vicomte, épousa, vers 1632, au Mans, demoiselle Marie Richer de Monthéart.

Ils eurent plusieurs enfants, entre autres :

> 1° René-Charles, sieur de la Saussaye.
> 2° Marie, née à Beaumont et mariée avec messire Jacques Le Voyer, sieur de la Curie et de Vandœuvre, lieutenant-général en la sénéchaussée du Maine, fils de messire René le Voyer, sieur de Davière, et de noble dame Renée Vassé.
> 3° Marguerite, née à Beaumont le 21 juin 1635. Elle y mourut, le 25 mars 1692, et avait épousé, le 19 novembre 1651, messire Rolland Le Voyer, sieur de Boutigny, frère du précédent et maître des requêtes. Il était mort en 1668, quand sa veuve fit enregistrer son blason dans l'*Armorial général*.

Le 26 août 1664, dame Marguerite de Sevin était veuve de messire François de Montesson, chevalier, seigneur de Saint-Aubin et de Douilhet.

NOTES ÉPARSES

A. — LOUIS DE SEVIN, ancien curé d'Anciennes, doyen de Sonnois et bachelier de Sorbonne, mourut, le 27 février 1712 et fut inhumé en la chapelle Notre-Dame de Nazareth. La chapelle Notre-Dame, en l'église paroissiale de Bethon, fondée par Me Louis Sevin, seigneur de Mézières, oncle du fondateur de N.-D. de Nazareth, fut bénie, le 24 mars 1700.

B. — Messire FRANÇOIS SEVIN, écuyer, conseiller du roi, trésorier de France honoraire au bureau de la généralité d'Alençon.

C. — Messire FRANÇOIS-LOUIS-RENÉ DE SEVIN, écuyer, seigneur de Chéronvilliers, des Boulays, des Granges, etc., en 1782, épousa demoiselle ÉLISABETH-ANTOINETTE COLLET, fille de M. Collet, seigneur de Cornier-la-Touche, en la généralité d'Alençon. (D'où provinrent plusieurs enfants).

D. — 5 novembre 1772, FRANÇOIS SEVIN, écuyer, titulaire de la chapelle Notre-Dame et de Saint-Louis, tant en son nom qu'au nom de Mademoiselle GENEVIÈVE-FRANÇOISE DE SEVIN, sa sœur, dont il se faisait fort, puis comme tuteur des enfants mineurs de feu messire FRANÇOIS SEVIN, écuyer, seigneur des Boulays, demeurant sur la paroisse Saint-Paterne, de la ville d'Alençon.

E. — En 1826, Mademoiselle JEANNE-CLAUDE-GENEVIÈVE DE SEVIN résolut de renouveler la fondation interrompue depuis 1789, à la charge de la fabrique paroissiale de Montfort. — La chapelle de Lorette avait été rachetée par l'abbé FRANÇOIS SEVIN, mort en 1802. La chapelle N.-D. de Nazareth fut bénie par Mgr Alexis Laussal, évêque de Séez, le 13 octobre 1827.

F. — 19 septembre 1691. — Exécutions de partage faites entre :

— Messire GABRIEL DE SCÉPAUX, chevalier, seigneur de Challonge, époux de dame ANNE-MADELEINE-GENEVIÈVE DE SEVIN, fille unique et héritière de feu MARIN SEVIN, écuyer et sieur de la Rivière, au jour de son décès, époux en secondes noces de feue dame MARGUERITE SEVIN.

— Son cousin germain, CHARLES DE MELLAND, écuyer, sieur des Trois Chèvres, secrétaire de Son Altesse royale Madame la Duchesse d'Orléans, mari de dame ELISABETH SEVIN.

— Maître PIERRE SEVIN, juge ordinaire criminel au Comté-pairie de Laval.

— Et MARIE SEVIN, veuve de messire CLAUDE DE FONTENAY, chevalier, seigneur de Loizay :

— Messire JACQUES DE LA FONTAINE, chevalier, seigneur de la Goudrière et autres lieux, et dame FRANÇOISE SEVIN, son épouse, demeurant à Beaumont.

— Dame MARGUERITE SEVIN épouse du feu sieur Sevin de la Rivière, et avant lui veuve de feu noble RENÉ FOUREAU, sieur de Coulié.

— NICOLAS SEVIN, écuyer de Son Altesse royale Madame la Duchesse d'Orléans et se faisant fort de LOUIS SEVIN, prêtre, titulaire de la chapelle de Notre-Dame de Bethon, Chérancé et Monceaux ; de maître JEAN SEVIN, aussi prêtre, curé d'Anciennes, ses frère et neveu, demeurant paroisse Saint-Paterne, faubourg d'Alençon.

— JACQUES DE GUÉRAUST, écuyer, seigneur de Boislezeau, mari de dame MARGUERITE SEVIN, le sieur curé d'Anciennes et la dame de Boislezeau, enfants et he.: .rs de feu messire JEAN SEVIN, conseiller du roi, lieutenant de Robe longue au siège des eaux et forêts de ce duché, par représentation dud. Nicolas Sevin, oncle de ladite dame Sevin de la Rivière.

— Et encore de messire Jacques Le Voyer, écuyer, conseiller du roi, et de Marie Sevin, son épouse.

— Et dame Marguerite Sevin, veuve de messire Rolland le Voyer, chevalier, seigneur de Boutigny, conseiller du roi en ses Conseils d'Etat et privé, maître des requêtes ordinaires de son hôtel, intendant de la généralité de Soissons.

[Titres de la chapelle de Monceaux en l'église de Beaumont-le-Vicomte].

G. — Acte passé, le 16 juillet 1624, par nobles JACQUES BELOCIER, sieur de Mauny, procureur des aides et tailles en l'Election du Mans ; MICHEL SEVIN, sieur de la Rivière ; JEAN SEVIN, écuyer, sieur des Landes, conseiller du roy, grenetier au grenier à sel et magasin de Fresnay, tant en leurs propres noms que se faisant forts de dame MARGUERITE PICOT, leur mère, et de noble LOUIS SEVIN, sieur de Mézière, leur frère, etc.

TABLE ALPHABÉTIQUE DES ALLIANCES
AVEC RENVOIS AU TEXTE
(L'indication *Notes* renvoie également à la place alphabétique de l'addition à cette table)

D'ALÈS DE FERRUSSAC, v. p. 28, *notes*.

Écartelé : aux 1 et 4 d'or, à 2 demi-vols de gueules, au chef d'azur chargé d'un soleil d'or et à la bordure de gueules chargé de 7 besants d'or en orle (d'Alès) ; aux 2 et 3 de gueules à 3 étoiles d'or (d'Anduze).

ANTHONIS, v. p. 2.

D'or, au chevron de gueules, accompagné en chef de 2 coqs de sable et en pointe d'un sanglier du même.

D'ARBLADE DE SÉAILLES, v. p. 21.

Parti : au 1 d'or, au lion couronné de gueules, tenant une épée d'azur, la pointe en bas ; au chef d'azur, chargé d'une croisette d'or accostée de 2 croissants d'argent (d'Arblade) ; au II d'argent, à 3 fasces ondées d'azur ; coupé d'or, au château à 3 tours de gueules surmonté de 3 têtes de more de sables (de Pardaillan). — D. Crescit eundo.

AYNARD, v. p. 24.

BAGNERIS, v. p. 26.

D'argent, à la fontaine jaillissante de sable à dextre, sur une terrasse de sinople, et à l'arbre de sinople à senestre ; au chef de gueules chargé d'une épée d'argent posée en barre la pointe en bas.

DE BAILLET, v. p. 18.

DE BALZAC DE LARROQUE, v. p. 16.

D'azur, à 3 flanchis d'argent, 2 et 1 ; au chef d'or, chargé de 3 flanchis d'azur.

DE BATZ-TRENQUELLÉON, v. p. 20, *notes*.

Parti : au I de gueules, au Saint-Michel d'argent terrassant un dragon de sinople ; au II d'azur, au lion d'or surmontant un rocher de 5 coupeaux d'argent. — D. In omni modo fidelis.

DE BAZELAIRE, v. p. 33, *notes*.

Écartelé : aux 1 et 4 fascé d'azur et d'argent de 6 pièces ; aux 2 et 3 contrecartelé de sable et de gueules, à 3 maillets d'argent, 2 et 1 ; et sur-le-tout d'argent ; à 3 flèches de gueules croisées l'une en pal et 2 en sautoir et liées par un lien de sable ; au chef d'azur, à 3 étoiles d'argent.

DE BAZIGNAN-LIGNERIS, v. p. 33.

D'azur, à une tour d'argent, maçonnée de sable et soutenue de 2 lions affrontés d'argent.

BELOCIER, BELLOCIER, v. p. 77.

Écartelé ; aux 1 et 4 d'azur, à 2 étoiles d'or accompagnées en pointe d'une aigle du même, essorant et tenant en son bec une truffe d'argent pointillée de sable ; au 2 d'azur, à 2 gerbes de blé d'or, celle de la pointe supportant une colombe d'argent ; au 3 de sinople, à 3 haches d'armes 2 et 1, celles du chef confrontées.

DE BELOT DE FERREUX, v. p. 47.

D'azur, au chevron d'argent, accompagné en chef de 2 étoiles d'or et en pointe d'une tête de licorne du même.

Du Bernet, v. p. 44, *notes.*
D'argent, au chevron de gueules, accompagné en chef de 2 étoiles du même et en pointe d'une branche d'aune de sinople.

Berthoumieu-Lamer, v. p. 29.
D'argent, au lion de sable couronné d'or.

Bessière, v. p. 66.

Bessières, v. p. 23.

De Bigoust, v. p. 62.

De Blay, v. p. 33.
De gueules, à 3 croissants d'argent, 2 et 1 ; au chef, cousu d'azur et chargé de 3 étoiles d'or.

De Blois, v. p. 72.
D'argent, à 2 fasces de gueules, chargées chacune de 3 annelets d'or.

Boislève, v. p. 60.

De Bonot, v. p. 18, *notes.*
Écartelé, par une croix d'argent ; aux 1 et 4 d'or, à 3 losanges de gueules ; aux 2 et 3 d'argent, à 3 fleurs de lis d'azur.

De Bordes, v. p. 66.

Du Bourg, v. p. 23, *notes.*
D'azur, à 3 tiges d'épines effeuillées d'argent, 2 et 1. — D. Lilium inter spinas.

Bouvet de la Roche, v. p. 72.

De Boyer, v. p. 24.
D'argent, au chevron de sable, accompagné en chef de 2 croissants et en pointe d'une corneille, le tout du même ; au chef d'azur, chargé d'un croissant d'argent entre 2 étoiles d'or.

Briçonnet, v. p. 46, *notes.*
D'or, à la bande componée d'or et de gueules de 5 pièces, la 2e chargée d'une étable d'or et accompagnée vers le chef d'une 2e étoile du même.

Brisebarre, v. pp. 69.

Du Buisson, v. p. 56.

De Carrieu, v. p. 29.

De Cazaux, v. p. 36.
Écartelé, aux 1 et 4 d'or, à 4 vergettes de gueules ; aux 2 et 3 d'argent plein.

De Chambon, v. p. 47, *notes.*
Fascé d'or et d'azur de 6 pièces.

De Chanterel, v. p. 40.

Du Chesne, v. p. 65.

Clusice, v. p. 37.

De Coësme, v. p. 6.

Coignet, v. p. 2.

Colbert, v. p. 43.
D'or, à la couleuvre, ondoyante en pal, d'azur.

COLLET DE CORNIER, v. p. 76.
De gueules, à 3 fasces d'argent.

DE COMMARQUE, v. p. 26.
D'or, à la bande d'azur, chargée de 3 alérions d'argent et accompagnée de 2 demi-vols échiquetés d'azur et d'argent, l'un en chef et l'autre en pointe.

DES CONTES, v. p. 39, *notes.*
D'or, au créquier de gueules.

COTTEREAU, v. p. 45, *notes.*
D'argent, à 3 lézards de sinople, 2 et 1.

COURTIN, v. p. 4.
D'azur, à 3 croissants d'or, 2 et 1.

CROYER, v. p. 65.

DANGUY, v. p. 74, 75.

DELESCLUSE, v. p. 60.

DU DRAC, v. p. 51, *notes.*
D'or, au dragon ailé de sinople, armé, lampassé et couronné de gueules ; à la bordure componée d'argent et de gueules.

DRÉGÉ, v. p. 23.

DUFAURE DE CITRES, v. p. 24, *notes.*
Tranché d'or et d'azur, à la bande d'hermine brochant ; l'azur chargé d'un croissant d'or.

DUPIN DE GANET, v. p. 14, *notes.*

DUPUY, v. p. 31.

ERNAULT, v. p. 71.

D'ESCUDIER, v. p. 31.

ESMERY DE GAILLON, v. p. 49.

FABRY D'OIGNÉ, v. p. 70.

DU FAY, v. p. 68.

DE FERRAND, v. p. 18.
D'azur, à 3 bandes d'or.

FLEURTIN, v. p. 71.

FOGI, v. p. 67.

DE FONTENAY, v. p. 74, 77.

FORGET, v. p. 40, *notes.*
D'azur, au chevron d'or, accompagné de 3 coquilles du même, 2 et 1, et chargé d'un écusson d'azur, à la fleur de lis d'or.

DE FORTIA, v. p. 43.
D'azur, à la tour d'or, maçonnée de sable et posée sur une montagne à 6 coupeaux de sinople.

FOUCAULT DES BOISGILONS, v. p. 41.
De gueules, à la fasce d'or, accompagnée de 3 molettes d'éperon du même, 2 et 1 et en chef, d'un croissant d'argent.

FOUREAU, v. p. 77.

DE FOY, v. p. 77.

DE FURNES, v. p. 39.
D'hermine, à la bande fuselée de gueules.

GALMET, v. p. 49.
D'or, au saule arraché de sinople, surmonté d'une étoile de gueules et accompagné en pointe d'une mer de sinople.

DE GARAUD-DONNEVILLE, v. p. 38.
D'azur, à la fasce d'or, accompagnée de 3 coquilles du même, 2 et 1.

DE GÉLINARD, v. p. 11.
D'azur, à 3 palmes d'or, 2 et 1.

GENET, v. p. 23.

DE GIVÈS, v. pp. 55, 66, notes.
D'azur, au chevron d'or, chargé de 5 annelets de gueules.

DE GLAPION, v. p. 53.
D'azur, à 3 fasces d'or et à la bordure de gueules.

DE GODAIL, v. p. 7.
D'or, à la bande d'azur.

DE GOISLARD-MONSABERT, v. p. 46 notes.
D'azur, à 3 roses d'or, 2 et 1.

GONTIER, v. p. 40.
De gueules, à 3 coquilles d'argent ; au chef cousu d'azur et chargé de 3 étoiles d'or.

DE GRAMONT DE VLLEMONTÉE, v. p. 33.
Parti : au I d'azur, au lion d'or, armé et lampassé de gueules ; au II de gueules, au nœud gordien d'or ; au chef d'or chargé de 3 étoiles d'azur brochant sur le parti.

GRANGIER DE LIVERDIS, v. pp. 2, 4, notes.
D'azur, au chevron d'or, accompagné de 3 gerbes de blé d'or, liées de gueules, 2 et 1 ; au chef vairé de gueules et d'argent.

GRASSETEAU, v. p. 45, notes.
D'azur, à 3 bandes d'or.

DE GRILLON DE MOTHES, v. p. 3.
D'azur, à une fasce d'or, accompagnée en chef d'un lion naissant d'argent, armé et lampassé de gueules, tenant entre ses pattes une fleur de lis d'argent, et en pointe d'un croissant d'argent.

DE GUÉRAPIN DE VAURÉAL, v. p. 58.
D'or, au lion de sable, armé et lampassé de gueules tenant une hache d'armes ; à la bordure semée de fleurs de lis d'or.

DE GUÉRAUST, v. p. 77.

D'HALLOT, v. pp. 14, 17, notes,.
D'argent, à 2 fasces de sable surmontées de 3 annelets rangés du même ; parti d'argent, à 10 annelets gueules, 3, 3, 3 et 1.

HOGUET, v. p. 2.

JACOBÉ DE NAUROIS, v. pp. 21, 25, *notes.*

D'azur, au fer de moulin d'argent, accosté et soutenu de 2 épis de blé d'or aux tiges passées en sautoir.
D. Tantum prodest, tantum prosunt.

JOURDAN DE LAUNAY, v. p. 54.

DE KERMADEC, v. p. 73.

DE LABARTHE, v. p. 30.

DE LA BOISSIÈRE, v. p. 41.

De gueules, à 7 annelets d'or : 3, 3 et 1.

DE LA BORDE, v. p. 39.

De gueules, à 3 étoiles d'or, 2 et 1.

DE LA CROIX, v. p. 2.

D'azur, à 3 croisettes d'argent, 2 et 1.

DE LACUÉE DE CESSAC, v. p. 16.

De gueules, à l'autruche d'argent, prise par un lacet d'or au milieu de la patte dextre.

DE LAFITTE-LAJOUANENQUE, v. p. 21.

Parti : au I d'azur, à une montagne de 6 coupeaux d'argent, surmontée d'un croissant de même ;
au II d'azur, à la tour d'or.

DE LA FONTAINE, v. p. 77.

DE LA GRANGE-TRIANON, v. p. 50.

De gueules, au chevron dentelé d'argent, chargé lui-même d'un chevron de sable et accompagné de
3 croissants d'or, 2 et 1.

DE LANTOURNE, v. p. 21.

Écartelé d'azur et de gueules, à la croix d'argent brochant sur le tout et chargée en cœur d'un écusson
d'azur à l'aigle au vol abaissé d'or et cantonnée aux 1 et 4 d'une tour d'or, devant laquelle passe un élan
du même, aux 2 et 3 d'un lion d'argent.

DE LA POUSTOINE, v. p. 61.

DE LA TOUR DE FONTIROU, v. pp. 15, 17.

LAVAL, v. p. 33.

DE LAVOLVÈNE, v. p. 32.

DE LA VOSTE, v. p. 40.

DE LA VOYE, v. p. 45.

LE BLANC DE MAUVESIN, v. p. 21.

D'azur, au cygne d'argent, becqué et membré d'or ; écartelé d'or, au chevron de gueules accompagné de
3 roses du même, 2 et 1.

LE BOSSU, v. p. 41.

D'or, à 3 têtes de more de sable, bandées d'argent, 2 et 1.

LE CLERC, v. p. 74.

LE CLERC DU TREMBLAI, v. p. 63.

D'argent, au chevron d'azur, accompagné de 3 roses de gueules, 2 et 1.

LEFEBVRE, v. p. 74.

Le Fèvre, v. p. 39.

Le Fèvre de Bizay, v. p. 43.

Le Fèvre de la Barre, v. p. 53.

D'azur, au chevron d'or accompagné en chef de 2 étoiles et en pointe d'une fleur de souci, tigée et feuillée, le tout d'or.

Le Grand, v. p. 49.

D'azur, à 2 écots d'or mis en sautoir ; au chef d'or chargé de 3 merlettes de sable.

Le Guays, v. p. 39.

Le Long, v. p. 1.

D'or, au lion de gueules.

Le Maire, v. p. 40, 65.

Le Maistre, v. p. 52, *notes.*

D'azur, à 3 soucis d'or, 2 et 1.

Le Mazuyer, v. p. 51.

D'azur, au pélican d'or, sans pitié.

Le Musnier, Le Meusnier, v. p. 47, *notes.*

D'azur, au chevron d'or, accompagné de 3 poissons (a meusniers ou chabots ») d'argent, 2 et 1.

Lépine, v. p. 71.

Le Rebours, v. p. 49, *notes.*

De gueules, à 7 losanges d'argent, 3, 3 et 1.

L'Escuyer, v. p. 50, *notes.*

D'azur, au chevron d'argent chargé de 5 roses de gueules et accompagné de 3 étoiles d'or.

Lespinasse, v. p. 29.

Le Tellier, v. p. 69.

Le Vassor, v. p. 60.

Le Voyer, v. p. 75.

De gueules, à la croix d'argent, chargée de 5 tourteaux de gueules.

Lisle de Tardieu, v. p. 21, *notes.*

D'argent, à un arbre de sinople terrassé de même, entre 2 canettes de sable, passant sur la terrasse.

Livet de Monfeu, v. p. 72.

De gueules, au croissant d'argent.

De Longuejoue, v. p. 40.

De gueules, à 3 raisins d'or, 2 et 1.

Du Lyon, v. p. 32.

De Machault, v. p. 46, *notes.*

D'argent, à 3 têtes de corbeau de sable, 2 et 1.

De Malvin de Montazet, v. p. 12, *notes.*

D'azur, à 3 étoiles d'or, 2 et 1.

De Manas de Lamesan, v. p. 19.

D'azur, à la croix d'argent ; à la bordure de même semé de tourteaux de sable.

MANGOT D'ORGÈRES, v. p. 3, *notes.*
D'azur, à 3 éperviers d'or, chaperonnés, grilletés et longés du même, 2 et 1.

DE MANSENCAL, v. p. 37, *notes.*
De gueules, à l'aigle au vol éployé d'argent, chargée de 3 croisettes de sable sur les ailes et l'estomac et empoignant dans chaque serre une roue d'argent.

DE MARGERET, v. p. 55.
D'argent, à la fasce d'azur, chargée d'une fleur de lis d'or et accompagnée de 3 têtes de léopard de sable, lampassées de gueules, 2 et 1.

DE MARTINI, v. p. 38.
De gueules, à 3 croisettes d'argent, 2 et 1 ; parti d'azur, à 3 cloches d'argent, 2 et 1.

MASLIN, v. p. 72.

MAZE, v. p. 67.
D'azur, à la croix d'or, cantonnée de 4 molettes. "éperon du même.

MÉDON, v. pp. 53, 55.
D'argent, au tourteau d'azur chargé d'un soleil d'or ; à l'orle de 8 roses de gueules pointées de sinople.

DE MELLAND, v. p. 77.
D'or, au lion de gueules et au chef d'azur, chargé de 3 molettes d'or.

DE MÉRIC DE BELLEFOND, v. p. 25.
D'azur, à la biche d'or.

DE MESMES, v. p. 14.
Écartelé : au I d'or, au croissant de sable ; aux 2 et 3 d'argent, à 2 lions léopardés de sable, l'un au-dessus de l'autre ; au II d'or, à une étoile de sable et au chef de gueules, en pointe coupé et ondé d'azur.

DE METGE, v. p. 31.
D'or, à la fasce d'azur, surmontée d'une aigle éployée de sable.

MIZAULT, v. p. 68.

DU MONCEL, v. p. 58.
De gueules, à 3 losanges d'argent, 2 et 1.

MONET, v. p. 2.

DE MONIER, MONYER, v. p. 18, *notes.*
D'azur, à 3... d'argent, contrepassant l'une au-dessus de l'autre.

DE MONTESSON, v. p. 75, *notes.*
D'argent, à 3 quintefeuilles d'azur : 2 et 1.

DE MONTGERMONT, v. p. 45.

DE MORÉ, v. p. 69.

DE MOULIÉ ou MOLIÉ, v. p. 30.
D'azur, au pin d'or terrassé de même et soutenu de 2 lions affrontés d'argent, armés et lampassés de gueules, et accosté en chef de 2 pigeons affrontés d'argent, becqués et membrés de gueules.

DU MOULIN, v. p. 1.

DE MUCY, v. p. 30.

DE PARIS, v. p. 53, *notes.*
D'argent, à 3 merlettes de sable.

PASTEY, v. p. 2.

DE PATRAS, v. p. 15.

Parti : au I de gueules, à la croix d'argent ; au II d'argent, au lion d'azur, armé, lampassé et couronné de gueules.

PAVET DE LA CLÉMENTIÈRE, v. p. 72.

PECQUOT DE SAINT-MAURICE, v. p. 54, *notes.*

Écartelé : aux 1 et 4 d'or, à l'arbre de sinople ; aux 2 et 3 d'argent, à 3 merlettes de sable, 2 et 1.

PELLIER, v. p. 74.

D'or, au lion de gueules, surmonté d'une fleur de lis d'azur.

PEPIN, v. p. 32.

DE PEYNAN, v. p. 32.

DE PEYRONNY, v. p. 24.

D'azur, à 3 tours d'argent, 2 et 1.

PICHON, v. p. 46.

D'argent, à 3 coquilles de sable, 2 et 1. — Alias : D'azur, au chevron d'or accompagné en chef de 2 molettes du même et en pointe d'un agneau passant d'argent, soutenu d'un croissant d'or.

PICOT, v. p. 77.

DE PINCÉ, v. p. 51.

D'argent, à 3 merlettes de sable, 2 et 1

PINET, v. p. 4.

PIQUES, v. p. 62, *notes.*

D'or, à 2 piques de sable, croisées en sautoir et accompagnées en chef d'une pomme de pin de sable, feuillée de sinople.

PIZET, v. p. 1.

DU PONT DE BAULAC, v. p. 31.

PONTONNIER, v. p. 71.

POUPARD, v. p. 60.

DU PRAT DE MEZAILLES, v. p. 29.

DU PRÉ, DUPRÉ, v. p. 57, *notes.*

D'azur, à 3 pals d'or.

DE QUÉLAIN, v. p. 44, *notes.*

D'azur, au chevron d'or accompagné en chef de 2 étoiles et en pointe d'une pomme de pin, le tout d'or

DE RAMS, v. p. 11, 13.

D'argent, au croissant de sinople, accompagné de 3 roses du même.

DE RANCE, v. p. 31.

D'or à 3 aigles de sable, rangés en fasce (anc. Gén. Guienne 1129).

DE RANGOUSE, v. p. 18.

D'azur, au lion passant d'or, affronté de 3 ou 4 abeilles du même, au chef cousu de gueules et chargé de 3 étoiles d'argent (Arm. Gén. Guienne 1129).

DE REDON, v. p., 15.

D'azur, à 2 tours d'argent rangés côte à côte.

VÉRON, v. p. 46.

De gueules, au chevron d'or, accompagné en chef de 3 étoiles d'argent et en pointe d'une aigle d'or.

VIART, v. p. 40, *notes.*

D'or, au phénix de sable sur un bûcher de gueules ; au chef d'azur chargé de 3 coquilles d'argent.

DE VIC, v. p. 45, *notes.*

De gueules, à une foi parée d'argent, surmontée d'un écusson d'azur bordé d'or et chargé d'une fleur de lis du même.

DE VILLEMONTÉE, v. p. 51, *notes.*

D'azur au chef denché d'or, chargé d'un lion léopardé de sable.

DE VILLIERS, v. p. 49.

QUELQUES NOTES SUR LES ALLIANCES

D'ALÈS DE FERRUSSAC. — Huit quartiers de *Marie d'Alès* :

II-2 : 1-2 : *Jean-François-Ignace d'Alès*, Seigneur de la Tour, ép. p. c. du 26 oct. 1762 [1] au château de Ferrussac, *Jeanne-Philippine-Eliette d'Audebard de Ferrussac.*.

III-4 : 1-2 : *Jean-Jacques d'Alès*, Seigneur de la Tour, testa le 10 juillet 1760, ép. p. c. du 24 mars 1738, *Marie-Anne de Lacaze*.

3-4 : *Joseph d'Audebard de Ferrussac*, lieutenant-colonel du Régiment Clermont-Prince-Cavalerie, chevalier de Saint-Louis, ép. en deuxièmes noces : *Thérèse-Eliette de Gaufreian*.

IV-8 : 1-2 : *Antoine-Ignace d'Alès*, Seigneur de la Tour ép. p. c. du 17 août 1681, *Marie d'Azemar*, qui testa le 20 nov. 1735.

3-4 : *N... Lacaze*, ép. *N...*

5-6 : *Geoffroy d'Audebard*, Baron de Ferrussac, ép. avril 1655, *Isabelle-Rose de Mothes*.

7-8 : *N... de Gaufretan*, ép. *N...*

Famille de chevalerie qui descend d'Amédée d'Alès, qui vivait en 1328 et se croisa contre les Albigeois. Maintenue de noblesse en 1670 ; preuves pour les honneurs de la Cour en 1787. Trois branches : de Boisse, de la Tour ou Ferrussac, de Boscaud, seule existante.

DE BATZ-TRENQUELLÉON. — Huit quartiers de *Charles-Polycarpe de Batz* :

II-2 : 1-2 : *Charles-Joseph-François-Marie de Batz*, baron de Trenquelléon, page de la grande écurie, capitaine aux Gardes françaises, chevalier de saint Louis, † 1815, ép. 27 sept. 1787 *Marie-Ursule-Claudine de Peyronencq*.

III-4 : 1-2 : *Charles de Batz*, baron de Trenquelléon, ép. à Paris p. c. du 28 juillet 1750, *Marie-Catherine-Elisabeth de Malide*.

3-4 : *Bernard-Joseph comte de Peyronencq de Saint-Chamarand*, ép. *Marie-Elisabeth-Pauline de Naucaze*.

IV-8 : 1-2 : *François de Batz*, aide-major au rég⁺ de Coëtquen, ép. p. c. du 21 juin 1708, *Anne de Broqua*, dame de Trenquelléon.

3-4 : *Louis comte de Malide*, brigadier des armées du roi, ép. *Françoise-Elisabeth Prondre*.

5-6 : *N... de Peyronencq*, ép. *N...*

7 8 : *N... de Naucaze*, ép. *N...*

Une des plus notables familles de Gascogne, maintenue dans sa noblesse le 21 mai 1708. Des six enfants issus de Mademoiselle de Sevin de Ségougnac, un seul fils se maria avec Mademoiselle Louise de Coquet (dont Fernand marié avec Mademoiselle Simone de Roquemaurel, et Aimée) et une fille épousa, en 1839, Alexandre d'Angeros de Castelgaillard.

DE BAZELAIRE. — Huit quartiers de *Georges de Bazelaire* :

II-2 : 1-2 : *Pierre-Joseph de Bazelaire de Saulcy*, conseiller à la cour de Toulouse, ép. le 19 février 1851, *Pauline-Adèle-Marie Jolly*.

1. Signifie : épousa par contrat du...

III-4 : 1-2 : *Joseph-Anne-Maximilien de Bazelaire*, officier supérieur, chevalier de saint Louis, ép. le 29 juin 1819 *Joséphine-Charlotte Chédeaux.*

3-4 : *Louis-Charles Jolly* ép. *Marie-Josèphe-Mélanie Huet du Rotois.*

IV-8 : 1-2 : *Marc-Sigisbert-Antoine de Bazelaire* ép. 21 sept. 1769 *Marie-Catherine Faure de Fayolle.*

3-4 : *Charles-Joseph-Toussaint-Jolly* ép. *Marie-Thérèse de Bazelaire.*

5-6 : N... *Huet du Rotois* ép. N...

7-8 : *Pierre-Joseph Chédeaux*, député et maire de Metz, ép. *Philippine-Judith Bertrand de Boucheporn.*

DU BERNET. — Quatre quartiers de *Joseph du Bernet :*

II-2 : 1-2 : *Jean de Bernet*, Seigneur de Savignac, contrôleur en la chancellerie de Bordeaux, ép. le 19 février 1583, *Béatrix de Chimbaud.*

III-4 : 1-2 : *Jean du Bernet*, pourvu de la même charge, ép. en 1555, *Nicole de Bonneau.*

3-4 : *Simon de Chimbaud*, avocat au parlement, ép. *Françoise d'Eymar.*

DE BONOT DE LATUQUE. — Huit quartiers de *Serène de Bonot :*

II-2 : 1-2 : *Jean de Bonot*, Seigneur de Latuque, baron de Lespiasse, ép. 30 janvier 1731, *Marie de Lassalle de Laprade.*

III-4 : 1-2 : *Hercule de Bonot*, baron de Maurens et de Lespiasse, ép. p. c. du 20 janvier 1682, *Marguerite de Bergues d'Escalup.*

3-4 : *Jean de Lassalle*, Seigneur de Laprade, major de la citadelle de Besançon, ép. p. c. du 16 juillet 1698, *Serène de Redon.*

IV-8 : 1-2 : *Gratien de Bonot de Latuque* baron de Lespiasse, etc., ép. p. c. du 29 août 1650, *Marie de Labaume de Forsac.*

3-4 : *Géraud de Bergues*, seigneur d'Escalup, ép. p. c. du 10 mai 1633, *Louise de Coquel.*

5-6 : *Jean-Jacques de Lassalle*, seigneur de Laprade, ép. p. c. du 25 juin 1633, *Jacquette de Boursy.*

7-8 : *Jacques de Redon*, seigneur du Tort et de Lasfarges, ép., p. c. du 27 mars 1668, *Françoise de Sorbier.*

Ce Gratien de Bonot a lui-même ses huit quartiers parfaitement établis.

DU BOURG. — Huit quartiers de *Marie du Bourg :*

II-2 : 1-2 : *Gabriel-Philippe du Bourg*, ancien officier de cavalerie ép. *Agathe-Jeanne-Marc de Bray.*

III-4 : 1-2 : *Armand-Fernand-Bernard-Michel du Bourg*, chevalier de Malte et de la Légion d'honneur, député de la Haute-Garonne sous la Restauration, ép. en 1803 *Jeanne-Louise-Eugénie de Monstron de Santon d'Escouloubre.*

3-4 : *François-Antoine de Bray-Renneville*, receveur général, ép. *Marie-Jeanne de Bray*, sa cousine.

IV-8 : 1-2 : *Marie-Mathias-Armand-Pierre du Bourg de Cavaignes*, seigneur de Rochemontès, conseiller au parlement de Toulouse, guillotiné à Paris en 1794, ép. *Jeanne-Marie-Jacquette d'Arboussier.*

3-4 : *Louis-Gaston-François de Monstron de Santon*, m⁽ᵉ⁾ d'Escouloubre, colonel de Bresse-infanterie, député de la noblesse de Languedoc aux États-Généraux de 1789, ép. *Marie-Anne-Gabrielle de Vignes de Puylaroque.*

5-6 : *Joseph-François de Bray* ép. 23 avril 1777, *Jeanne-Marguerite-Louise Chamont.*

7-8 : *Alexandre-Joseph de Bray de Valfresne* ép. 11 février 1793, *Jeanne-Henriette de l'évité.*

BRIÇONNET. — Huit quartiers de *Jean Briçonnet :*

II-2 : 1-2 : *Thomas Briçonnet*, cons. à la cour des Aides, ép. *Madeleine Le Picart.*

III-4 : 1-2 : *François-Briçonnet*, seigneur de Glatigny, cons. aux aides, ép. *Clémence d'Elbène.*

3-4 : *Jean Le Picart*, seigneur du Plessis, ép. *Jeanne Sublet.*

12

IV-4 : 1-2 : *Jean Briçonnet*, seigneur de Glatigny, président aux aides, ép. *Etiennette de Bérulle*.

      3-4 : *Thomas d'Elbène*, secrétaire du roi, † 1593, ép. *Clémence Janvier*, dame de Villarceaux.

      5-6 : *Jean Le Picart*, avocat général au grand conseil, ép. *Madeleine de l'Estoile*.

      7-8 : *Jean Sublet*, seigneur des Noyers, maître des comptes, ép. *Madeleine Bochart de Champigny*.

DE CHAMBON. — Huit quartiers de *Louise de Chambon* :

II 2 : 1-2 : *François de Chambon*, seigneur d'Arbouville, etc., ép. *Louise de Hallot*.

III-4 : 1-2 : *Guillaume de Chambon*, seigneur d'Arbouville, ép. 11 février 1607, *Marguerite de Roux*.

      3-4 : *Louis de Hallot*, baron du Puiset, gouverneur de Caumont, ép., 13 janvier 1603, *Elisabeth Arbaleste*.

IV-8 : 1-2 : *Pierre de Chambon* ép. *Marguerite de Cosne*.

      3-4 : *Juvénal de Roux*, seigneur de Reigny, ép. *Françoise Le Vergeur de Courtoignon*.

      5-6 : *André de Hallot*, seigneur de Létourville, gentilhomme de la chambre du roi, ép., 15 avril 1572, *Jeanne des Echelles*.

      7-8 : *Charles Arbaleste*, Vte de Melun, ép. *Louise Le Boucher d'Orsay*.

Famille originaire d'Auvergne.

DES CONTES. Quatre quartiers de *Perrette des Contes* :

II-2 : 1-2 : *Jacques des Contes*, seigneur de Brion, ép. 3 sept. 1443 *Marie Le Charron*.

III-4 : 1-2 : *Antoine des Contes* ép., 3 avril 1423, *Marie de Baccons*.

      3-4 : *N... Le Charron*, ép. *N...*

COTTEREAU. — Huit quartiers de *Marie Cottereau* :

II-2 : 1-2 : *Jacques Cottereau*, seigneur de Villejuif, intendant des fortifications de Picardie, etc., ép. *Anne de Bragelongue*.

III-4 : 1-2 : *Jean Cottereau*, intendant des fortifications ép. *Marguerite de Kerver*.

      3-4 : *Jérôme de Bragelongue*, receveur général des finances à Caen ép, *Anne Charpentier*.

IV-8 : 1-2 : *Mathurin Cottereau* ép. *Marguerite de Montholon*.

      3-4 : *Jean-Baptiste de Kerver*, conseiller-secrétaire du roi, ép. *N...*

      5-6 : *Jean de Bragelongue*, seigneur de Villejuif, lieutenant particulier au Châtelet. ép. *Claude Parent*.

      7-8 : *N... Charpentier* ép. *N...*

Jean Cottereau, trisaïeul de Mathurin, était enseigne des Gardes de Louis XI.

DU DRAC DE BANDEVILLE. — Huit quartiers de *Louise de Drac* :

II-2 : 1-2 : *Jean du Drac*, seigneur de Bandeville, de la Rivière, Vte d'Ay. conseiller au Parlement de Paris, † 5 oct. 1611 à 64 ans, ép. p. c. du 14 avril 1580, *Anne de Fictes*.

III-4 : 1-2 : *Adrien de Drac*, Vte d'Ay etc., .cons. au parlement, ép. p. c. du 9 janvier 1535, *Charlotte Raponel*, dame de Bandeville.

      3-4 : *Pierre de Fictes* seigneur de Sancy, etc. conseiller du roi en ses conseils, ép. *Louise de Hacqueville*.

IV-8 : 1-2 : *Adrien du Drac*, Vte d'Ay, † 1532, ép. *Nicole Arbaleste*, dame de la Rivière de Cortz.

      3-4 : *Thomas Raponel*, seigneur de Bandeville, maître des comptes, ép. *Marguerite de Cuvier*.

      5-6 : *N... de Fictes* ép. *N...*

      7-8 : *Nicolas de Hacqueville*, conseiller au parlement, ép. *Marie Charmolue*.

DUFAURE DE CITRES. — Quatre quartiers *Gabriel Dufaure de Citres* :

II-2 : 1-2 : *Charles Dufaure de Citres* ép. *Séraphine de Julien de Villeneuve*.

3-4 : *Réné Dufaure de Citres du Fromenthal* ép. *Marie du Lac de Fugères.*
5-6 : *N... de Julien* ép. N...

Ancienne famille du Vivarais, ayant une commune origine avec les marquis de Satilieu.

FORGET. — Quatre quartiers de *Françoise Forget* :

II-2 : 1-2 : *François Forget*, conseiller au parlement de Paris, ép. en 1592, *Marie Dreux.*
III-4 : 1 2 : *Jean Forget*, seigneur de la Tortinière, échevin de Tours, puis maître des requêtes de la Reine, ép. p. c. du 31 octobre 1561, *Mélanie de Baret.*

3-4 : *Jean Dreux*, procureur général en la chambre des Comptes, ép., en premières noces *Marie Hupeau.*

L'auteur connu de cette grande famille parlementaire est Mathias Forget, seigneur de la Roche, vivant en 1412.

DE GIVÈS. — Huit quartiers de *Marie* et de *Madeleine de Givès* :

II-2 : 1-2 : *Jacques de Givès*, avocat au présidial d'Orléans, ép. le 14 mai 1663, *Marie Colombeau.*
III-4 : 1-2 : *Jacques de Givès*, seigneur de Chameulles, avocat du roi, ép. 10 avril 1633, *Marguerite de Bourdeaux.*

3-4 : *N... Colombeau* ép. N...
IV-8 : 1-2 : *Jacques de Givès* seigneur de Chameulles, ép., 8 avril 1602, *Michelle L'Huillier.*

3-4 : *Michel de Bourdeaux*, seigneur du Housset, ép. *Marie Le Berche.*
5-6 : *N... Colombeau*, ép. N...
7-8 : *N .. ép. N...*

Geoffroy de Givès, chevalier, vivant en 1392, était le sixième ascendant du dernier Jacques. Maintenues de noblesse en 1668 et 1698. Admission à Malte.

DE GLAPION. — Quatre quartiers de *Marguerite-Françoise de Glapion* :

II-2 : 1-2 : *Guillaume de Glapion*, seigneur de la Boissière, lieutenant-colonel de Fervacques-Cavalerie, ép. *Marguerite Tartereau.*
III-4 : 1-2 : *Gervais de Glapion*, seigneur de la Boissière, ép. p. c. du 20 juin 1610, *Jeanne l'Absolu.*

3-4 : *Nicolas Tartereau*, seigneur du Tremblai, ép. *Louise de la Gerre.*

Famille originaire de Normandie, dont la noblesse fut reconnue en 1641 et 1667, sur preuves établies depuis 1500.

DE GOISLARD. — Enfants de Jacques Goislard, (fils de Jacques, secrétaire du roi et de Louise Baussan) et de Marie Sevin. A. *Jacques*, secrétaire du roi en 1643, † 1651, sans postérité. B. *André*, maître des comptes à Paris, noyé accidentellement dans la Seine en 1652. Il s'était marié deux fois. De Catherine Sevin, la dernière, il n'eut pas d'enfant ; mais de la première, Françoise Treton, naquit Marie-Anne Goislard, Baron de Richebourg, conseiller au parlement de Paris, mort doyen des Enquêtes en 1712, après avoir épousé, 36 ans avant, Anne Le Maistre de Monsabert. Leur postérité a relevé le nom de ce fief de Monsabert avec leur nom patronymique.

GRANGIER. — Dans les Manuscrits du Cabinet des titres, ce nom est pour les deux alliances avec les Sevin écrit Grangier, sauf une seule fois pour l'une d'elles mais avec ce nom de Granger, il est dit que les armoiries étaient celles des *Seigneurs de Liverdis.* Aux *Dossiers bleus* et au *Cabinet d'Hozier*, les alliances Sevin ne sont pas mentionnées, et la filiation établie pour des preuves en 1621 (Pages). Cette filiation donne *Michel*, vivant en 1460, père de *Raoul*, dont le fils *Jean*, marié avec *Anne Feraud du Soulet*, eut un fils *Jean*, ambassadeur en Suisse, lequel épousa en 1554 *Louise de Ruins*.

GRASSETEAU. — Quatre quartiers de *Hugues Grasseteau*, marié en 1661 à Marguerite Sevin de la Grange :

II-2 : 1-2 : *Hugues Grasseteau*, conseiller au parlement de Paris, ép. *Marie de Paris.*

III-4 : 1-2 : *N... Grasseteau*, procureur au parlement, ép. *Marie Boulot.*

3-4 : *Nicolas de Paris*, échevin de Paris, ép. en deuxièmes noces *Jeanne Boucher.*

DE GUÉRAPIN DE VAURÉAL. — Quatre quartiers de Madame de Sevin Bandeville :

II-2 : 1-2 : *Antoine de Guérapin de Vauréal*, Cte de Belleval, etc. conseiller du roi en ses Conseils, chevalier de son ordre, intendant des armées navales, ép. p. c. du 18 janvier 1646, *Madeleine Texier de Hautefeuille.*

III-4 : 1-2 : *Antoine de Guérapin*, seigneur de Pinceloup, ép. *Marguerite de Buat.*

3-4 : *Germain Texier*, seigneur de Hautefeuille, conseiller du roi en ses Conseils, ép. *Marie Perrot.*

D'HALLOT. — Huit quartiers d'*Anne d'Hallot* :

II-2 : 1-2 : *Florimond d'Hallot*, seigneur de Castille et de la Mothe, gentilhomme de la chambre du roi, ép. *Marguerite-Foy de Faure.*

III-4 : 1-2 : *Laurent d'Hallot*, maréchal de Camp en Piémont, et en 1624 *Françoise de Galinié.*

3-4 : *Henri de Faure*, conseiller au présidial d'Agen, ép. *Bertrande de Saint-Gillis.*

IV-8 : 1-2 : *Claude d'Hallot*, trésorier du domaine d'Agenois et Condomois, ép. 10 mai 1596, *Rose de Loubatery.*

3-4 : *M. de Galinié*, de Nérac, ép. *Louise de Lafont.*

5-6 : *N... de Faure* ép. *N...*

7-8 : *N... de Saint-Gillis* ép. *N...*

JACOBÉ DE NAUROIS : Huit quartiers d'*Albert-Gabriel-Gérard* et de *Gabrielle-Jeanne Jacobé de Naurois* :

II-2 : *Auguste-Louis Jacobé de Naurois*, ép. 15 juin 1830, *Marie-Gabrielle de Solages.*

III-4 : 1-2 : *Gérard-Marie Jacobé de Naurois*, officier, puis ingénieur des Mines, ép. 2 mars 1797, *Marie-Gabrielle-Rose de Solages.*

3-4 : *François-Gabriel, vicomte de Solages*, ép. 2° *Françoise-Corrégie-Joséphine du Tertre.*

IV-8 ; 1-2 : *Claude-Louis Jacobé de Naurois*, directeur de la manufacture de glaces de Saint-Gobain, ép. 21 février 1772, *Catherine-Rosalie Guérin de la Marre.*

3-4 : *François-Gabriel, vicomte de Solages*, ép. 1° 9 février 1772, *Elisabeth-Gabrielle de Clary Vindrac.*

5-6 : *Gabriel-Charles, vicomte de Solages*, maréchal de camp, chevalier de Saint-Louis, ép. 13 octobre 1749, *Marie de Julliot de Longchamps.*

7-8 : *Charles du Tertre*, capitaine de cavalerie, ép. *Louise Gaugain.*

LE FÈVRE DE LA BARRE. — Huit quartiers de *Marguerite Le Fèvre* :

II-2 : 1-2 : *Antoine Le Fèvre*, seigneur de la Barre, conseiller au parlement de Paris en 1645, intendant de Paris, puis de Grenoble, de Moulins et d'Auvergne, gouverneur des îles françaises d'Amérique, puis du Canada (1682), † à Paris, en 1688, ép. p. c. du 10 septembre 1645, *Marie Mandat.*

III-4 : 1-2 : *Antoine Le Fèvre*, seigneur de la Barre, conseiller au parlement, puis prévôt des marchands, † conseiller d'État en 1659, ép. 1⁰ p. c. du 21 avril 1620, *Madeleine Belin.*

3-4 : *Galiot Mandat,* seigneur d'Aigrefin, maître des comptes, ép. *Marguerite Le Rebours.*

IV-8 : 1-2 : *Antoine Le Fèvre,* secrétaire du roi en 1604, ép. *Anne Vivien.*

3-4 : *Charles Belin,* trésorier des guerres en Picardie, ép. *Denise Le Blond.*

5-6 : *Galiot Mandat,* seigneur d'Aigrefin, conseiller-secrétaire du roi † 1612, ép. p. c. du 25 juillet 1575, *Catherine Le Lièvre.*

7-8 : *Guillaume Le Rebours,* conseiller aux aides, ép. *Claude Le Grand.*

Cette famille est originaire de Crespy-en-Valois, a possédé la terre de la Malmaison et donné un chevalier à l'ordre de Malte.

LE MAISTRE. — Huit quartiers de *Marie Le Maistre* :

II-2 : 1-2 : *Augustin Le Maistre,* conseiller au parlement de Paris, † 1658, ép. *Eléonore Le Picart.*

III-4 : 1-2 : *Jean Le Maistre,* président à Mortier, ép. *Nicole Habert.*

3-4 : *Jean Le Picart,* seigneur d'Attilly, maître des comptes, ép. *Françoise de Fléxelles.*

IV-8 : 1-2 : *Geoffroy Le Maistre,* seigneur de Brétigny, prévôt de Montlhéry, ép. en 1517, *Catherine Le Fèvre.*

3-4 : *Claude Habert,* conseiller au parlement, ép. *Catherine de Marle.*

5-6 : *Jean Le Picart,* seigneur d'Attilly, secrétaire du roi, ép. octobre 1541, *Eléonore de la Coupelle.*

7-8 : *Philippe de Fléxelles,* seigneur de Hautefontaine, ép. *Guillemette de Machault.*

LE MUSNIER. — *Marie-Charlotte Le Musnier,* fille de *Pierre Le Musnier,* seigneur de Rubelles et de S. Prix, président à mortier au parlement de Metz, et d'*Elisabeth-Charlotte Morel,* avait pour aïeul *Jacques le Musnier,* pourvu de la même charge, et pour bisaïeul *Jacques Le Musnier,* trésorier de France à Limoges en 1609, puis maire d'Angoulème. — Cette famille est connue depuis un greffier d'Angoulème, marié avec Marie d'Orfeuille.

LE REBOURS. — Huit quartiers d'*Antoinette Le Rebours* :

II-2 : 1-2 : *Germain Le Rebours,* seigneur de Mazières, de Mortefontaine, etc., avocat au parlement de Paris, ép. *Antoinette Cotton.*

III-4 : 1-2 : *Hébert Le Rebours,* seigneur de Mazières, etc., ép. *Perrette Pasquier de Franchien.*

3-4 : *Gérard Cotton,* président des monnaies, † 1593, ép. 28 janvier 1567, *Marie de Montholon.*

IV-8 : 1-2 : *Germain Le Rebours,* ép. *Marie de Sens.*

3-4 : *Jean Pasquier de Franchieu,* ép. *Marie de Castille.*

5-6 : *Nicolas Cotton,* conseiller au parlement, ép. *Marie Le Cirier.*

7-8 : *François de Montholon,* seigneur d'Aubervilliers, garde des sceaux de France, ép. 8 juillet 1524, *Marie Boudet.*

Famille d'ancienne noblesse, venue de Normandie en Orléanais et à Paris. Elle a formé plusieurs branches, donné plusieurs personnages de valeur, et remonte à Pierre Le Rebours, qui vivait en 1360.

L'ESCUYER. — Quatre quartiers de *Jean l'Escuyer,* mari de Marguerite Sevin :

II-2 : 1-2 : *Jean l'Escuyer,* seigneur de Montifaut, de Sérigny, etc. † 1584, ép. *Marie Parent.*

III-4 : 1-2 : *Jacques l'Escuyer,* seigneur de Miraumont, etc., maître des comptes (fils de Jean et de Jeanne Baudry), ép. *Jeanne Faulcon.*

3-4 : N...   *Parent* ép. N...

Ils eurent 6 fils : *Jean* et *Jérôme*, conseiller au Parlement de Paris ; mariés l'un à *Jeanne de Refuge*, l'autre à *Marie Viole* ; *Charles* et *François*, maîtres des comptes non mariés ; *Armand*, seigneur de Balagny et *Sébastien*, conseiller-clerc aux parlements de Toulouse, puis de Paris. — De l'aîné vint un maître des comptes ; du second, un maître des comptes, un colonel de cavalerie tué à Senef, ainsi que *François de Courseulles*, colonel de cavalerie et mari de sa sœur Françoise.

LISLE DE TARDIEU. — Quatre quartiers d'*Elisabeth-Madeleine-Délie Lisle de Tardieu*, dame du Bousquet :

II-2 : 1-2 : *Jean-Baptiste-Jean-Gabriel Lisle de Tardieu*, ép. 6 pluviôse an IX *Catherine Dufort*.

III-4 : 1-2 : *Guillaume de Tardieu* « *Lisle de Tardieu* », garde du corps en 1777, officier dans le Régiment de Normandie, testa le 15 mai 1791 et se maria le 4 mars 1769 à *Madeleine de Sansac* (fille de *Guillaume de Sansac* et de *Thérèse Lenslions*).

3-4 : *Alexandre-Sarrin Dufort*, capitaine d'infanterie au régiment de Bretagne, ép. *Suzanne de Garat*.

Guillaumme, grand'père de Madame de Sevin, était le fils aîné de *Jean-Baptiste de Tardieu*, mort à Port Sainte-Marie, en 1770, à 90 ans, et de *Marguerite de Malartic*, et prit pour lui et ses descendants le nom d'une terre de famille, dite *de Lile* ou *de L'isle*.

DE MACHAULT. — Huit quartiers de *Charles de Machault* :

II-2 : 1-2 : *Louis de Machault*, seigneur de Boigny, maître des comptes, ép., 9 février 1580, *Catherine Hervieu*.

III-4 : 1-2 : *Baptiste de Machault*, seigneur de Saint-Mandé, conseiller au parlement, ép. p. c. du 21 décembre 1553, *Louise le Cocq*.

3-4 : *Guillaume Hervieu*, seigneur de la Croix, secrétaire du roi, ép. *Marie Le Comte*.

IV-8 : 1-2 : *Simon de Machault*, auditeur des comptes, † 20 mars 1555, ép. *Louise Bureau*.

3-4 : *Charles Le Cocq*, seigneur de Comeslean, président des monnaies, ép. *Madeleine Questier*.

5-6 : *Geoffroy Hervieu* ép. N....

7-8 : *Charles Le Comte* ép. *Jeanne Huot*.

DE MALVIN-MONTAZET. — Quatre quartiers de *Jean de Malvin* :

II-2 : 1-2 : *Charles de Malvin*, seigneur de Cessac en Agenais, conseiller au parlement de Bordeaux, testa le 26 novembre 1580, ép. *Jeanne de Gaillard*.

III-4 : 1-2 : *Charles de Malvin*, seigneur de Montazet, capitaine d'Aiguillon, ép. p. c. du 23 décembre 1489, *Jeanne de Montpezat*.

3-4 : *Pierre de Gaillard*, seigneur de Cessac, ép. N...

Famille d'ancienne noblesse de Guyenne, qui a donné quelques magistrats, mais aussi de nombreux officiers, des chevaliers de Malte, etc.

MANGOT D'ORGÈRES. — Quatre quartiers de *Claude Mangot*, Seigneur de la Charnière :

II-2 : 1-2 : *Claude Mangot*, seigneur de la Charnière, ép. *Françoise Dreux*.

III-4 : 1-2 : *Charles Mangot* ép. *Madeleine de Surgères*.

3-4 : *Simon Dreux* ép. N...

Les enfants de Claude Mangot et de Geneviève Sevin furent entr'autres :

1° *Jacques*, avocat-général au Parlement ép. *Marie du Moulinet*, dont postérité ;

2° *Marie*, femme de *René Le Fèvre de Bizay*, m° des comptes ; 3° *Madeleine* ép. *Olivier le Bossu*, cons. au parl. ; 4° *Geneviève* ép. *Théodore Pasquier*, avoc. gén. aux Comptes ; 5° *Anne* ép. *René le Beau*, m° des requêtes et 6° *Claude*, s. de Villeran, garde des sceaux, qui eut de *Marguerite Le Beau*, d° de Villarceau : a. *Marguerite* ép. *Nicolas de la Croix de Plancy*, ; b. *Madeleine* ép. *Aymé de Roche-chouart* ; c. *Anne* ép. le *Marquis d'Aérac* ; d. *Anne*, cons. aux parlements de Bretagne et de Paris, ép. *Marie Phélypeaux*.

DE MANSENCAL. — Huit quartiers de *Françoise de Mansencal* :

II-2 : 1-2 . *Jean de Mansencal*, conseiller au parlement de Toulouse, ép. p. c. du 6 juin 1584, *Claire de Lacvivier*.

III-4 : 1-2 : *Jean de Mansencal*, avocat général audit parlement, ép. p. c. du 27 décembre 1550, *Marie de S. Salvadour*.

3-4 : *Jean de Lacvivier*, seigneur de Beaulieu, conseiller au grand Conseil, ép. p. c. du 15 mai 1563, *Béatrix de Papus*.

IV-8 : 1-2 : *Jean de Mansencal*, 1ᵉʳ président au parlement de Toulouse, ép. *Antoinette d'Olmières*.

3-4 : *Antoine de S. Salvadour*, lieutenant général du roi en Guienne, ép. *Nicole de Las*.

5-6 : *N.... de Lacvivier*, ép. *N...*

7-8 : *Pierre de Papus*, conseiller au parlement de Toulouse, ép. *Claire de Potier*.

DE MONIER. — Huit quartiers de Thérèse de Monier :

II-2 : 1-2 : *Henri de Monier*, seigneur de Bonnel, mousquetaire, capitaine aux régiments de Normandie et de Courville, ép. 11 avril 1701 *Françoise de Boyer*.

III-4 : 1-2 : *Pierre de Monier*, seigneur de Bonnel, ép. 27 novembre 1659, *Marie de Grimard*.

3-4 : *Jean de Boyer*, ép. 25 octobre 1665 *Thérèse de Mongausy*.

IV-8 : 1-2 : *Jean de Monier*, capitaine au régiment de Lusignan, ép. *Catherine Melau*.

3-4 : *Géraud de Grimard* ép. *Fleurette Durrieu*.

5-6 : *Jean de Boyer*, ép. *N...*

7-8 : *Antoine de Mongausy*, conseiller en l'élection d'Agenais, ép. *Marie de Coloing*.

DE MONTESSON. — Huit quartiers de *François de Montesson* :

II-2 : 1-2 : *Jacques de Montesson*, seigneur de Douillet, ép. *Jeanne de Rougé*.

III-4 : 1-2 : *Guillaume de Montesson*, ép. 1555, *Rose de Ferrequin*.

3-4 : *Mathurin de Rougé*, ép. 1554, *Renée d'Uvelles*.

IV-8 : 1-2 : *Nicolas de Montesson* ép. *Marie du Bouchet*.

3-4 : *Antoine de Ferrequin*, seigneur de Douillet, ép. *Renée d'Orcisses*.

5-6 : *Robert de Rougé*, ép, 1ᵉʳ mai 1511, *Louise Foureau de la Touche*.

7-8 : *René d'Uvelles*, seigneur de Courtimont, ép. *Françoise de Saint-Père* :

DE PARIS. — Quatre quartiers de *Marie de Paris* :

II-2 : 1-2 : *Claude de Paris*, seigneur de Cousses, receveur des tailles en l'élection de Chartres, ép. 22 octobre 1618, *Marguerite Marchand*.

III-4 : 1-2 : *François de Paris*, conseiller au Châtelet, † 1597, ép. *Michelle Jamart*.

3-4 : *Jacques Marchand*, ép. *Marguerite Guillemeau*.

PECQUOT DE SAINT-MAURICE. — Quatre quartiers de *Geneviève Pecquot de Saint-Maurice* :

II-2 : 1-2 : *Pierre Pecquot*, seigneur de Saint-Maurice, † 1697, ép. *Catherine Lattaignant*, † 1709.

III-4 : 1-2 : *Pierre Pecquot*, ép. *N... La Jarriel*.

3-4 : *Alphonse de Lattaignant*, seigneur de Blenques, ép. 10 juillet 1633, *Marguerite Gagot*.

PICQUES. — Quatre quartiers d'*Anne Picques* :

II : 1-2 : *Olivier Picques*, secrétaire du roi, ép. *Marie Le Vasseur.*
III-4 : 1-2 : *Olivier Picques*, venu à Paris, ép. *Espérance Auberon.*
     3-4 : *Jacques Le Vasseur*, procureur au Châtelet, ép. *N...*

DU PRÉ. — Huit quartiers de *Marie Dupré* :

II-2 : 1-2 : *Barthélemy Dupré*, seigneur de Chastulcy, conseiller secrétaire du roi, ép. p. c. du 6 août 1600, *Elisabeth Martin.*
III-4 : 1-2 : *Barthélemy Dupré*, seigneur de Chastulcy, ép. p. c. du 4 août 1556 *Jacquette Le Fuzelier.*
     3-4 : *Louis Martin*, seigneur des Forges, ép. p. c. du 15 juin 1562, *Jeanne Lesveillé.*
IV-8 : 1-2 : *Barthélemy Dupré*, seigneur de Chastulcy, ép. *Jacquette Chenu.*
     3-4 : *René Le Fuzelier*, seigneur de la Motte Cormeray, ép. *Marie Viart.*
     5-6 : *Pierre Martin*, seigneur des Forges, ép. *Catherine Gombault.*
     7-8 : *François Lesveillé* ép. *Jacquette Sébille.*

Toutes ces familles étaient du Blésois.

QUÉLAIN. — Huit quartiers de *Nicolas Quélain* :

II-2 : 1-2 : *Nicolas Quélain*, conseiller au parlement de Paris, ép. *Angélique de Longueil.*
III-4 : 1-2 : *Michel Quélain*, seigneur de Quincampoix, conseiller aux parlements de Bretagne, puis de Paris (1543), ép. *Anne Avys.*
     3-4 : *Jacques de Longueil*, seigneur de Sèvres, ép. en 1568 *Catherine de Montmirail.*
IV-8 : 1-2 : *Robert Quélain*, seigneur de Mortagne, ép. *Marie Le Boindre.*
     3-4 : *Denys Avys*, ép. *N...*
     5-6 : *Jean de Longueil*, conseiller d'Etat, ép. *Marie de Dormans.*
     7-8 : *Thierry de Montmirail*, seigneur d'Aulnoy, ép. *N...*

DE REICH. — Huit quartiers de *Marie de Reich* :

II-2 : 1-2 : *Bernard de Reich*, seigneur de Penautier, etc., trésorier général des finances en la généralité de Toulouse, ép. p. c. du 3 janvier 1621, *Louise de Claret de Saint-Félix.*
III-4 : 1-2 : *Bertrand de Reich*, seigneur de Penautier, trésorier des Etats de Languedoc, ép. p. c. du 13 mai 1571, *Marguerite de Caulet.*
     3-4 : *Antoine de Claret*, seigneur de Saint-Félix, ép. *Anne de Molette de Morangiès.*
IV-8 : 1-2 : *Pierre de Reich*, trésorier des Etats de Languedoc en 1560 ép. *N...*
     3-4 : *Hugues de Caulet*, seigneur de Cadars, ép. *Françoise d'Aulhon.*
     5-6 : *Jean de Claret*, seigneur de Saint-Félix, ép. *Philippie de Pelet de Combes.*
     7-8 : *Louis-Claude de Molette*, seigneur de Morangiès, ép. p. c. du 10 juin 1555, *Françoise de Grimoard.*

DE SCÉPEAUX. — Quatre quartiers de *Gabriel de Scépeaux* :

II-2 : 1-2 : *Michel de Scépeaux*, seigneur du Chalonge, ép. 23 mai 1646, *Françoise Martin.*
III-4 : 1-2 : *Pierre de Scépeaux*, seigneur du Coudray, ép. 23 mai 1619, *Louise Cheminard*, dame du Chalonge.
     3-4 : *François Martin*, seigneur du Boistaillé, ép. *Catherine Guérin de la Gendronière.*

DE SECONDAT DE MONTESQUIEU. — Huit quartiers de *Jacob de Secondat de Montesquieu* :

II-2 : 1-2 : *Jean de Secondat*, Baron *de Montesquieu*, receveur général des Finances en Guyenne, conseiller d'Etat, ép. 28 juillet 1564, *Eléonore de Brenieu*, † 1606.
III-4 : 1-2 : *Pierre de Secondat*, trésorier général en Guyenne † 1606, ép. *Marie-Rose de Lombard.*
     3-4 : *Cibaud de Brenieu*, écuyer de la reine, ép. *Marguerite de la Pole.*

IV-4 : 1-2 : *Jacques de Secondat*, ép. *N... de la Roque de Loubejac.*
    3-4 : *N... de Lombard*, ép. *N...*
    7-8 : *Henry de la Pole, lord Montaigu*, décapité en 1539, ép. *Jane Nevill.*

VIART. — Quatre quartiers d'*Angélique Viart* :

II-2 : 1-2 : *Jacques Viart*, seigneur de Villebazin, etc., maître des requêtes, vivant en 1580, ép. *Jacqueline Poisson.*
III-2 : 1-2 : *Jacques Viart*, seigneur de Villebazin, bailli de Blois, ép. *Françoise Phélypeaux.*
    3-4 : *N... Poisson*, ép. *N...*

L'auteur de cette famille est Jacques Viart, receveur du Domaine à Blois, vivant en 1432 et mari de *Jeanne de Sébile.*

DE VIC. — Quatre quartiers de *Diane-Claire de Vic* :

II-2 : 1-2 : *Méry de Vic*, seigneur d'Ermenonville, garde des Sceaux de France, ép. à Orléans, 2 février 1588, *Marie Bourdineau.*
III-4 : 1-2 : *Raymond de Vic*, seigneur de Camarde et de Tavers, ép. *Comtesse de Surred.*
    3-4 : *Jacques Bourdineau*, seigneur de Baronville, ép. *Anne Garrault.*

DE VILLEMONTÉE. — Quatre quartiers de *Guillemette de Villemontée* :

II-2 : 1-2 : *Charles de Villemontée*, seigneur du Frettay, conseiller d'État, ép. *Marie de Vigny.*
III-4 : 1-2 : *Pierre de Villemontée*, maître d'hôtel du roi, ép. *Alix du Drac.*
    3-4 : *Nicolas de Vigny*, gentilhomme de la chambre, ép. *Marie Violle.*

PIÈCES JUSTIFICATIVES

Notice sur Hermand de Sevin, juge-mage d'Agen.

Herman Sevin, juge-mage d'Agenais, a joué un rôle fort important dans cette région et il se trouve confondu fréquemment avec ses frères Guillaume et Pierre. Nous croyons cependant être arrivés à bien dégager sa personnalité des obscurités et des confusions, qui se trouvent dans divers écrits. *Les Chroniques du Parlement de Bordeaux* de Jean MÉTI-VIER, qu'a éditées la Société des Bibliophiles de Bordeaux en 1886, relatent (tome I, p. 358) que, le 20 décembre 1540, « M⁰ Herman Sevin a presté serment de l'office de « juge mage d'Agenois, duquel il a esté pourveu par le Roi à la survivance de son père, « moiennant ce que de deux ans ledit Herman Sevin ne pourra juger aucun procès, si « petits soient-ils, sans appeler le lieutenant particulier ou en son absence le plus fameux « des conseillers en ladite séneschaussée, et, les deux ans escheus, jouira de l'office de « juge-mage suivant l'arrest donné au Conseil. Aussi a esté dit que, quand le père et le « fils seront l'un ou l'autre en commission à cause de l'office, celui qui demeurera ne « pourra cependant tenir et expédier. » Après avoir été ainsi fixés sur la prise de possession de cette charge, qui était un précédent ayant paru au Parlement de Bordeaux devoir nécessiter une réglementation, nous nous en remettons à M. C. THOLIN : *La ville d'Agen pendant les guerres de religion*, pour tracer une intéressante esquisse biographique d'Herman Sevin.

« ...(p. 211) Les états du pays d'Agenois, établis au xvᵉ siècle, ont fonctionné réguliè-« rement durant le xviᵉ...

« Les assemblées du pays se tenaient à Agen, une fois au moins chaque année, pour « délibérer sur la répartition des tailles, sur la quotité, la levée et l'emploi des crédits « exceptionnels, sur les procès et les affaires du pays. Dans les temps de crise, on « traitait aussi des matières politiques et militaires...

« ...(p. 213) En somme le consulat d'Agen, les états du pays, les trois états, les « conseils de guerre furent absolument dévoués à la cause catholique. Il n'en fut pas de « même de la magistrature, qui avait à faire appliquer les édits et les ordonnances et à « réprimer les séditions.

« Le présidial d'Agen était une création récente (1551). Son établissement avait été « mal vu par les Consuls, dont les attributions en matière de justice se trouvaient fort réduites. Les conflits se multipliaient entre eux. En pareil cas, il arrive que les anta-gonistes se servent de tous les événements pour se combattre, sans souci du droit et des causes justes. Au zèle parfois exagéré des Consuls, le présidial opposa souvent une inertie calculée ou une neutralité bienveillante pour les protestants. Il fut lui-même très divisé : quelques magistrats, surtout durant les premiers troubles, firent tout leur « devoir, d'autres furent gagnés à la Réforme. Il y eut comme deux factions avec leurs « chefs. Antoine Tholon, d'une part, et le juge mage, de l'autre. Le premier se montra « empressé de seconder l'action du Parlement de Bordeaux, qui, dès l'année 1556,

« poursuivait les religionnaires. Il fit partie de la commission qui, au mois de mai 1560,
« interrogea le ministre Fontaine ; il s'associa aux Consuls pour étendre l'enquête à
« d'autres inculpés. Ces preuves de zèle lui valurent des lettres de félicitations du roi, du
« duc de Guise et du Cardinal de Lorraine. Il rédigea avec conscience le procès-verbal
« du pillage des églises d'Agen dans la journée du 1er décembre 1561.

« Son adversaire, le juge-mage et président Herman de Sevin, avait favorisé les
« protestants, même avant les troubles ; et pour ce fait le Parlement l'avait condamné à
« cent livres d'amende. Il composa un rapport fort habile sur la *Prise d'Agen par les*
« *Huguenots* en 1562 ¹, (p. 215) atténuant la gravité des excès qui furent alors commis.
« Il sut d'ailleurs fort bien jouer son rôle dans les circonstances critiques qu'il nous a lui-
« même exposées : il se prêta à subir une détention à l'évêché avec les Consuls, et, pour
« se dégager de la bagarre, il attendit les derniers jours. La réaction terrible qui suivit le
« passage de Monluc ne le déconcerta pas. Il se mit « presque toujours en picques et
« contention » avec les consuls, cherchant « le maniement de tout, sans soy contenter
« de sa justice », intrigant, semant partout la discorde.

« Ses menées réussissaient à assurer « l'inaction des officiers du roy de lad. ville
« d'Agen et mesme des conseillers et autres officiers royaulx, par le moyen desquelz le
« peuple auroit esté eslevé en la sédition ». Il dissimulait les crimes commis « par ceulx
« de lad. novelle religion en tout ce qu'il pouvoyt, de sorte qu'il est tenu en commune
« voix en lad. ville d'Agen et seneschaussée d'Agenois que lad. dissimulation et conni-
« vance sont cause de la ruyne de ce pays et que ceulx de la nouvelle religion ont prins
« cueur et audasse de faire ce qu'ilz ont fait. »

« La paix d'Amboise (19 mars 1563) vint en aide au président, qui cessa de feindre et
« prit l'offensive. Il partit pour la Cour, afin d'y poursuivre la réunion à sa charge de
« l'office de lieutenant criminel : moyen peu déguisé de se débarrasser de son rival
« Tholon. Il eut même l'audace de viser et de frapper plus haut. Sous prétexte de raf-
« fermir l'autorité de Monluc, qu'il prétendait être mal respectée, il tenta de battre en
« brèche ce lieutenant du roi ; de plus il dénonça comme une prise d'armes en violation
« de la paix les mesures édictées par Monluc pour assurer la garde de la ville d'Agen.

« Toutes ces intrigues furent dévoilées dans une assemblée des trois états d'Agenais,
« convoqués par Monluc lui-même à la fin de juin 1563. Thibault, consul d'Agen,
« député vers le roi par cette assemblée, fut chargé de lui faire connaître toute la vérité
« et de détruire dans son esprit l'effet des fausses allégations du juge mage. Il devoit
« insister vivement pour le maintien de l'office de lieutenant criminel aux mains de
« Tholon et même de poursuivre la destitution du président ².

« Cette dernière requête ne fut pas admise, mais Herman de Sevin, remis à sa place,
« fut obligé d'observer désormais une plus grande réserve.

« Quelques passages des *Commentaires* accusent l'animosité de Monluc contre le pré-
« sident. Nous jugeons mieux encore, par les documents qui viennent d'être cités, com-

---

1. Publié par M. Tholin : *Revue de l'Agenais*, t. IX, 1882, p. 42 et suiv.
2. « Les détails, qui précèdent, sont tirés des *remonstrances* qui furent rédigées à cette occasion. Les
« procès-verbaux de la tenue de ces états du 27 au 29 juin 1563 sont des documents de haute
« valeur... Les minutes originales, avec des corrections fort intéressantes, font partie des liasses
« EE 56 et GG 201. » (*Arch. du Lot-et-Garonne*).

« bien dût être vive la lutte de l'homme d'épée contre l'homme de robe et quelle part
« eut ce dernier dans les événements.

« Les charges accumulées contre ce magistrat sont-elles suffisantes pour faire con-
« damner sa mémoire? Ces témoignages nous viennent de catholiques militants.
« Souvenons-nous que tous les modérés étaient alors tenus en pareille suspicion.
« Michel de l'Hospital, lui-même, s'il eût été à la place d'Herman de Sevin, n'aurait pas
« échappé à ces critiques. Peut-être eut-il protesté plus haut contre les façons, dont on
« rendait alors la justice... »

Une note, placée à ce passage, fait remarquer que probablement Herman avait l'assentiment du premier président du parlement de Guienne, Jacques-Benoît de Loguebaston,
dont le caractère et les actes ont une analogie frappante avec ceux du juge mage d'Agen.

« *Adviz pour la Maison de Sevin* »

(Archives de M. de Sevin. — Bonne copie du xvi⁰ siècle)

« Mᵉ Mᵉ Jacques Sevyn, juge mage d'Agenoys et Gascoigne, eust quatre filz,
Mᵉˢ Mᵉˢ Guillaume, chanoyne, Thomas, thésorier d'Albret, Ermand, président d'Agenoys, Pierre, conseiller en la cour de parlement de Bourdeaulx, et une fille Gilete mariée
à Mᵉ Robert de Goudail, recepveur des tailles. Led. Jacques vivant, Thomas, quy se
tenoict à part ou aultre maison, estant marié avec ¹....., fit une donation à cause de mort
en faveur de Jacques son filz, qu'il institua son héritier et luy svbstitua Messieurs Mᵉˢ Guilleaume, Herman et Pierre, ses frères, consecutifvement l'un après l'aultre, du consentement, comme il est porté par lad. donation et soubz l'auctorité de son d. père en ses
motz escriptz par le notayre, comme a dict de son père.

« Sond. père Mᵉ Jacques vesquit long temps après, quy en contract et faveur de
mariage avoict donné à ses d. enfans, à Mᵉ Ermand, président, le lieu de la Guarde, et à
Mᵉ Pierre conᵉʳ la métairie de Pelicier ; et à Gilete luy avoict constitué la somme de douze
cens escuz en dot ; voulant, tant luy que Marie Rousseau sa femme, mère de lad. Gilete,
qu'elle peust venir en partaige de tous leurs biens, suyvant la coustume d'Orléans, avec
ses aultres frères, en rapportant lesd. douze cens escuz. Qu'est-il que led. Jacques
auroict donné en faveur de mariage à son fils Thomas le thrésorier, il n'appert poinct ;
et le lieutenant Redon doibt avoir tous lesd. contracts ; tant y a que se trouve des obliga-
tions dud. Thomas envers Jacques son père de sommes notables.

« Après la mort dud. Thomas, sa femme convola en secondes nopces avec Mᵉ.ᵗ... Massiot, conᵉʳ en la cour de parlement de Bourdeaulx, par l'intelligence et du commandement duquel led. Jacques son beau filz, filz de Thomas, eagé de dix huict à vingt ans,
fut homicidé près Marmande. Duquel meurtre ledit Guilleaulme, chanoyne, fit grande
poursuite presque par tous les parlemens de France. Et en demeura led. Massiot, père
du demandeur, présumé long temps et presque convaincu. Et sous la mort dud. chanoyne et de Mᵉ le Président et conᵉʳ Sevyn, qui les suyvirent bientost après, led. Mas-

---

1. Mademoiselle de Robert, d'après une note de Madame de Naurois.

siot s'en alloict condempné. Auquel procès led. chanoyne y emploia une très grande
despence pour venger la mort de son nepveu.

« Or, comme il feust question de venir en partaige de la succession dud. feu
Mʳ Mᵉ Jacques, juge mage, et de Marie Rousseau dite sa femme, Mʳˢ Mᵉˢ Pierre Conˢʳ et
Hermand président se contentarent de leurs donnations à eulx faictes par led. feu Pierre
[Jacques]. Et ce quy resta quy consistoit en une maison noble près Orléans dicte Vilené
et en une maison en ceste ville d'Agen et quelques vignes, le tout feut divisé en troys
pourtions. Lad. Gilete en retira l'une, et led. chanoyne, tant pour son chef qu'en vertu
de la substitution qui luy fut ouverte par la mort dud. Jacques son nepveu suyvant la
donnation dud. Thomas thresaurier, en retira les deux. Encores led. chanoyne auroict
jouy d'une métairie près Marmande, quy appartenoict aud. feu Jacques son nepveu despuis la mort sond. nepveu, sans en estre inquiété.

« En l'an mil cincq cens septante et deux led. chanoyne moureust, ayant faict testament et institué ses héritiers Mˢ Pierre et Hermand Sevyn ses frères, ayant avantagé de
beaucoup led. Herman ; lesquelz il chargea de plusieurs leguatz tant aux pauvres que
aultres. Lesc. Pierre et Hermand se portarent héritiers soubz bénéfice d'Inventaire.

« Peu après, lesd. Hermand et Pierre décédarent, laissant led. Hermand troys enfans,
Guilleaume, son héritier universel, Charlote et Gilete, en fort bas caige, soubz la puis-
sance et tutelle de Françoise de Rams, damoiselle, leur mère.

« Et ledit Pierre quy laissa ung fils son héritier universel Hermand Sevyn, caigé de
dix ans, quy fut proveu de deux tuteurs, à Bourdeaulx de la personne de feu Mᵉ René de
Casaulx, advocat du Roy en Guyenne, et, en ceste ville d'Agen, de feu Mᵉ Loys de Goudail, consᵉʳ aud. siège de la présente ville, tous deux grandement suspects : l'un desquelz,
quy estoict led. Loys de Goudail se seroict ingéré en lad. charge sans y estre commis,
et tous deux quy ne sont encores deschargés de leur administration.

« Les enfans dud. feu Hermand président, quy ne feurent pas mieulx proveuz, car lad.
de Ram leur mère, estant décédée dans l'an de la mort de feu son mary, fit de mesmes
héritier son filz Guilleaume et le chargea de plusieurs léguatz immanses tant à Gilete et
Charlote ses filles qu'a beaucoup d'aultres. Lesd. enfans tumbarent soubz la tutelle de
Mᵉ Florimond de Redon, lieutenanr au présent siège, quy s'ingéra en lad. tutelle et a
baillé telle occasion de se plaindre de son administration qu'un chascun sçait.

« Lesd. tuteurs Redon et Goudail, quoy qu'il intervint au commencement quelques
picques entre eulx, eurent telle intelligence qu'ilz ferent l'inventaire des biens et papiers
dud. feu Guilleaume chanoyne à part, s'estans saisiz au préalable de tous les papiers que
bon leur sembla. De quoy ne se peust encores tenir led. de Goudail qu'il ne se plaignist
et protestât contre led. de Redon sur la faction de l'inventaire, remonstrant que led.
Redon c'estoict saisi de tous les susd. papiers ; lesquelz il avoict soubz sa main et puis-
sance et ne bailloict que ce qu'il ne vouloict pas, de sorte que led. inventaire aiant esté
commencé le XXᵉ novembre 73, et il ne fut qu'achevé le XV juin 75, sans aulcune légitime occasion d'un tel retardement.

« Et mesmes que les principaulx tiltres et donnations feurent oubliés à estre couchés
dans led. inventaire ny dans celluy quy feust faict de feuz Mʳ le président et Mᵉ la prési-
dente à part. Aussi fut obmis de mectre les pièces concernant ce procès criminel de Massiot avec beaucoup d'autres pièces necesseres pour renvoyer le demandeur. Ce qui rut
faict sciament par led. lieutenant Redon pour tenir en bride son pupil, s'il en vouloict

poursuyvre de l'expilation d'hérédité, par luy faicte, selon qu'il avoict esté jà informé contre luy.

« Aussy ast heure qu'il est en prévantion sur lad. expilation, pençant destourner son pupil à autres affaires, il est assez clair qu'il a comploté avec lesd. Masslotz de luy mesme faict faire la demande. »

Commentaires de Blaise de Monluc. Paris, 1866. (Tome II, p. 450.)

[Arrivée à Agen de Monluc, le 12 août 1562].

« ... Ayant rambarqué trois cannons à La Réolle, que je faisois tirer contre-mont la rivière, il feust nuict quand j'euz tout passé : et, comme je marçhois la nuict, il me feust apporté nouvelles d'Agen que sur l'entrée de la nuict ilz avoient abandonné la ville, ayant prins le chemyn vers Montauban. Je m'esfonnois comme ces gens avoient tant la peur au ventre et qu'ilz ne deffendoient mieulx leur religion. Et n'eurent loysir d'en admener les prisonniers qu'ilz tenoient, car l'effroy leur print tout à ung coup quand on leur dict que j'estois auprès de là ; ils pensoient avoir desjà la corde au coul. Les prisonniers qu'ilz tenoient c'estoient Messieurs de la Lande, de Nort, les officiers du roy et les consuls, sauf ce bon président d'Agen, qui faignit de se faire décendre avec une corde par la muraille de la ville, mais l'on sceust b en après sa fouite : que depuis la ville ne se fia de luy, et ont eu tousjours oppinion comme ilz ont encore, que ce feust luy qui les avoit faict venir dans la ville. Ces pouvres prisonniers, gens de bien, demeurèrent deux ou trois mois prisonniers, que cent foys on leur présenta la corde pour les pendre ; et me donne merveille qu'ilz ne moreurent de peur. Et voilà comme la rivière fut libre.....

(*Id., ibid.,* tome III, p. 375).

[L'Amiral avoit fait établir sous Tonneins des câbles et des chaînes pour couper les communications par la rivière ; Monluc se décida à rompre un pont à Port-Sainte-Marie, sous la masse d'un moulin, que l'on enleverait de la rive pour l'abandonner à la force du du courant].

« ... et sans faire autre bruit, je manday secrétement quérir trois personnaiges de la ville à qui j'avois desjà descellé mon intention, qui estoit d'envoyer à bas la rivière le moulin du président Sevin, pour ce que iceluy président avoit abandonné la ville et aussi que toute la ville et païs d'Agenois luy veullent mal mortel, gentilshommes et autres. Je ne veulx point icy nommer les trois, car il les mettroit en procès, et les commissaires, qui sont à présent par deçà facilement luy feroient raison à sa volunté comme ils font bien à autres huguenotz contre les catholiques [p. 376]. Et comme nous eusmes parlé ensemble, nous arrestasmes qu'ilz s'en iroient faire sortir six soldatz mariniers de la ville et qu'ilz iroient destacher le molin, faignant d'aller faire la garde sur le bord de la rivière pour garder que le cappitaine Sainct Projet ne passast oultre. Et ainsin tous trois se despartirent de moy et ne feurent pas paresseux à mettre les soldatz dehors, ny lesditz soldatz à destacher le molin, desquelz s'en noya ung en destachant la chaisne, qui tomba du petit batteau, ainsi que le pal, où estoit attachée la chaisne, se défit. Il pouvoit estre unze heures devant minuict, et ainsin que j'ai entendu despuis par les ennemys mesmes le molin arriva au pont vers une heure ; lesquelz avoient mis des centinelles une gran demye lieue contre-mont la rivière, afin de donner l'alarme, quand le cappitaine Saint Projet passeroit.

« Et comme ils commensarent à ouyr le bruit du molin, donnarent l'alarme, qu incontinent feust au port ; et tout le monde se jecta aux deux boutz du pont et commen sarent à tirer force harquebouzades au pauvre molin, lequel ne disoit mot. Mais donna ung tel choc qu'il emporta tout le pont, câbles, chaisnes et batteaux, de sorte qu' n'y en demeura qu'ung qui estoit attaché à la muraille du logis de monsieur le prince d Navarre. Et il alla des batteaux jusqu'à Sainct Macaire ; et y en a qui m'ont dit qu'il e estoit allé jusques auprès de Bourdeaux. Ce brave molin du président alla encor rompre ung autre molin huguenot au dessoùbz de Thonnens, et enfin s'arresta aux isle de Marmande... ».[Nuit du 15 au 16 décembre 1569].

Chronique du Parlement de Bordeaux, par Jean METIVIER, manuscrit édité par la Socié des Bibliophiles de Bordeaux, 1886.

Extrait des Registres. — Tome II.

— (p. 70). « Le 3 aoust 1554, Me SEVIN au serment de l'office de conseiller en la Cou vacant par le décès de Me Pierre Gay ; il a esté ordonné qu'à l'advenir aucun ne debvr estre recusé à l'examen, ledit examen n'estant acte judiciaire ».

— (p. 116). « Le 13 mars 1555, eûe délibération si Me SEVIN, conseiller, marié à sœur de la femme de Me Pierre Pomiès, conseiller à ladite cour, doibt aller à la pr mière des enquestes suivant la déclaration du Roi que deux beaux-frères ne seront e mesme chambre, a esté arresté que, suivant lesdites lettres patentes ledit Sevin servira la première des enquestes. »

— (p. 117). « Le 20 mars 1555. Se sont opposés à la délibération du 13 ma N....., conseillers, pour les intérests qu'ils prétendent « que ledit SEVIN les pr cède au jugement des procès qui se jugent par après disnées ; et leur est de trop gran conséquence. A quoi ledit Sevin a dit que pour son regard il n'avoit intérest en quel chambre il seroit et ce qu'il en fait est suivant ce que dit est. Sur quoi a été advisé qu sans préjudice de leur opposition ledit Sevin demeureroit en ladite chambre pour jourd'huy, et que cependant seroient remonstrées en la grand chambre les causes ladite opposition, pour y estre pourveu comme il appartiendra ».

— (p. 223). « Le 12 novembre 1555. Le procureur général dit que de soixante qu y a de nombre de présidents ou conseillers en la Cour, ils ne sont que vingt-quatre ; qu plaise à la Cour que la rigueur de l'ordonnance soit gardée. Noms des présidents et co seillers..... Pierre SEVIN... »

Histoire du parlement de Bordeaux, par Boscheron des Portes. — Bordeaux, 1878, 2 in-8°. — Tome I, p. 226.

« Un autre effet de la pacification fut la reprise de possession de leurs sièges par magistrats de la nouvelle religion, que l'état de guerre avait éloignés. C'est ainsi que

conseillers Guilloche, DE SEVYN, Bouchier, Macanan, Guerin, Arnoul et Dupont reparurent au palais... » [*Id. ibid.*, p. 245]. « Après la mort du conseiller Jean Guilloche de
la Loubière, poignardé par Montferrand lui-même,... « un autre membre du parlement,
PIERRE DE SEVYN, périt de la même manière, ainsi que son secrétaire ou clerc, nommé
Simonnet, qui se fit tuer sur son corps, déclarant hautement qu'étant de la même religion, il voulait mourir avec lui. »

Mémoires de l'Estat de France sous Charles IX, 2ᵉ édition. — Meidelbourg, H. Wolf, 1578.

« Massacre de ceux de la Religion à Bourdeaux le 3ᵉ jour d'octobre 1572. »
— (p. 382). « Le vendredy troisiesme iour d'octobre 1572, le Gouverneur ayant
assemblé en la ville tous les meschans garnemens, desquels il entendoit s'aider pour
l'exécution d'un si vilain acte et leur commanda d'assembler leurs dizaines en armes et
le venir trouver soudain après disner pour exécuter le commandement qu'il avoit du Roy.
A quoy ils ne firent faute, le venans trouver avec leurs chaperons de livrée de damas
blanc et rouge, suivis de leurs dizaines pour entendre ce qu'il leur diroit. La plus part
des massacreurs portoyent des bonnets rouges, qui leur avoyent esté baillez de chez
Pierre Lestonac, jurat de Bourdeaux ; à raison de quoy et pour le sang dont ils rougirent leurs bras, ils furent appellez la bande rouge. Aucuns l'ont appellé la bande Cardinale. Le Gouverneur leur commanda de tuer tous ceux de la Religion, notamment qui
avoyent porté les armes et n'en espargner pas un. Et luy-mesme, leur voulant monstrer
l'exemple, s'en alla à la maison de M. Jean de Guilloche, sieur de la Loubière, conseiller
en la Cour de parlement, pour exercer la haine de longue main conceüe contre luy ;
lequel se voulut garantir par une porte de derrière : mais il fut ramené en la basse court
de sa maison devant le Gouverneur, qui le massacra à coup de coutelas. Sa maison fut
entièrement pillée et saccagée... »
— (p. 382 vᵒ) « ... La maison de M. GUILLAUME DE SEVYN, conseiller audit parlement,
qui estoit de la Religion, fut envahie, pillée et saccagée, et luy misérablement meurtry.
Son clerc ou secretaire, nommé Simonet, le voyant ainsi meurtrir, l'embrassa en le consolant. Et, estant interrogé s'il estoit aussi de la Religion, respondit qu'il en estoit et
vouloit mourir pour icelle avec son maistre. Ainsi tous deux furent tuez au sein l'un de
l'autre... »

Registres du Bureau de l'hôtel de ville de Paris, tome IX, fol. 569.

« 10 janvier 1590. — Les Prevost des marchans et Eschevins de la ville de Paris,
Désirans satisfaire à la prière qui nous a esté fete par la Damoiselle Sevyn, dame du
chasteau d'Ablon estant sur la rivière de Seyne, et accertiorez par elle de la probité et
expérience au faict des armes du cappitaine La Barrière, avons icelluy de La Barrière
pour ces causes commis et establly, commettons et establissons pour la garde dudict
chasteau d'Ablon, donné pouvoir de tenir la main forte aux marchandises qui monteront
ou avalleront par ladicte rivière, à ce qu'elles puissent passer en toute seureté ; à la

charge que la dicte Damoyselle sera responsable des comportemens dudict de la Barrière.

Sy prions tous gens de guerre de voulloir favoriser ledict de la Barrière en l'exécution de sa dicte commission, et, sy besoing est, luy prester et à ceulx qui seront advouez de luy pour ce regard tout confort et ayde.

Faict au Bureau de ladicte ville de Paris, le X⁸ jour de janvier l'an mil V⁸ quatre vingtz dix. »

────────────

Histoire générale du Languedoc, Dom Devic et Dom Vaissette, t. XIII, p. 583-84. Privat, 1876.

(Rôle du M. de Sevin, conseiller au parlement, dans l'affaire de la Congrégation de l'Enfance).

« 1686... Dans les premiers jours de septembre, arrivèrent de nouveaux ordres du roi pour expulser quelques-unes des rebelles de Toulouse sans attendre les délais portés par l'arrêt de suppression. L'archevêque fit faire des démarches particulières auprès de Mademoiselle de Fieubet, qui tint ferme, objectant ses vœux, dont elle ne se croyait pas déliée. Le premier président prit alors le parti, d'accord avec les autres pères de famille qui appartenaient à la cour, d'obtenir un arrêt de la grand'chambre. Le Parlement députa deux commissaires, MM. de la Font et de Sevin, pour réclamer mesdemoiselles de Fieubet, de Burta, de Marsan et les deux sœurs de Cathelan. A la nouvelle de cette députation, les jeunes filles se réfugièrent dans un galetas, où l'on ne pouvoit arriver que par une échelle, et y demeurèrent obstinément tapies. « Nous venons ici avec douleur, « dit M. de Sevin à Mademoiselle Gautier, tout le monde vous plaint. On n'a point vu « le mal que vous avez fait, et on a vu le bien. » Néanmoins, comme on ne lui remettait pas les personnes qu'il avait ordre de ramener, il s'impatienta et envoya quérir une vingtaine de soldats à la maison de ville. Les gens du guet parcoururent tous les coins de la maison, comme s'ils eussent été à la chasse de malfaiteurs. Leurs fouilles ayant été infructueuses, on leur donna ordre d'aller visiter les combles. Les fugitives furent ainsi contraintes de quitter leur cachette ; on enleva la fille du premier président pour la jeter dans le carrosse de son père, tandis qu'elle criait de toutes ses forces : « Mesdemoiselles, je vous prends à témoin de la violence qu'on me fait et je renouvelle mes vœux tout de nouveau. »

Des scènes analogues se produisirent pour l'enlèvement de mademoiselle de Burta et de sa cousine de Cathelan.

Le lendemain de cette exécution, qui eut lieu le 12 septembre, le subdélégué fit assembler ce qui restait de la communauté et menaça de punir l'obstination par des exemples terribles. « La congrégation fit appel à Rome ; et, comme on ne pouvoit pas trouver un seul notaire qui osât signifier l'acte de l'archevêque, ce furent trois filles, qui se chargèrent elles-mêmes de ce soin, non sans exciter force railleries... »

────────────

Registres de l'Hôtel de Ville pendant la Fronde, Paris, 1846 (t. I, p. 199-201)

« Ordonnance du prévôt des marchands et eschevins de Paris pour le logement des troupes de cavalerie et d'infanterie, adressée aux quartiniers, cinquanteniers et dizeniers de la ville, avec injonction de se conformer aux instructions des conseillers au parlement, délégués à cet effet — 2 février 1649.

Conseillers commis pour la revue...   ; pour les chevaux : MM. SEVIN, Palluau, La Grange et Marreau, conseillers.

[*Id.. ibid.*, t. I. p. 214-5].

                    « De mardy, 9ᵉ jour de février 166..,

«... Est aussy comparu maistre Claude Sevin, procureur au parlement, lequel a desclaré que sur l'advis qu'il a eu que le dimanche 29ᵉ de janvier dernier, certaine trouppe de cavallerie qui estoit logée au village de l'Estang-la-ville appartenant à M. Séguier, conseiller de la cour, qui est proche Sainct Germain-en-Laye, avoit esté rompre les portes d'une sienne maison appellée Lauberderye, paroisse dudict Estang, pillé et emporté tous les meubles estans tant ès chambres que cuisine de ladicte maison, avec environ quatre cens livres de foing qui estoient dans les greniers d'icelle. Il auroit envoyé personne exprès en sa dicte maison pour en sçavoir la vérité, qui luy a rapporté que ledict pillage et rupture de la dicte maison estoit non seulement véritable, mais que celle qui est proche et qui appartient à maistre Jean Ollivier, conseiller et maistre d'hôtel ordinaire du roy et qui appartenoit auparavant à demoiselle Magdelaine de la Poustoire, sa belle-mère, veuve de deffunct maistre Jean Triquoy Vincent, advocat au parlement et ancien eschevin de cette ville, auroit esté pareillement pillée et ravagée. De laquelle déclaration ledict Sevin a requis acte pour luy servir et valloir en temps et lieu ce que de raison... »

[*Id., ibid.*, t. III, p. 452].

« Liste de ceux qui assistaient à l'assemblée de ville du 4 juillet, 1652, jour du massacre et de l'incendie de l'Hôtel de ville. — Extr. du Ms. Saint-Germain, nº 23, vol. V, fol. 566.

. . . .

« Maistre Jean de Monhers, quartinier.
M. le Curré de Sainct Jean.
M. Poncet, maistre des requestes.
M. Foucault, conseiller de la Cour.
M. Pinon, conseiller de la Cour.
M. de Marcusson, maistre des comptes.
M. Le Bel, conseiller de la cour des aydes.
M. Deschamps, advocat.
M. Sevin, advocat.
M. Clément, advocat.
M. Bannelier, commissaire (au Châtelet).
M. de la Place, procureur.
M. Picquet, marchand ».

. . . .

L'assemblée générale « pour la sûreté de la ville et de la justice » avoit été ordonné par arrêt du parlement du 1ᵉʳ juillet 1652, comprenant le gouverneur (maréchal de l'Hospital), le prévôt des marchands, les eschevins, conseillers, collèges et communautés, quartiniers, les curés des paroisses et « douze mandez de chacun quartier ».

Lettres de noblesse de Charles Sevin de Troigny (Arch. de M. Raoul de Sevin).

Le Roy Louis XIV, Roy de France et de Navarre, à tous présents et à venir. Salut. Notre amé et féal conseiller en nos conseils et chevalier de l'ordre de Sᵗ Michel, Charles Sevin, Sgr de Troigny et de Champgasté en Beauce, Nous a fait remontrer qu'encore qu'il soit noble de race, étant issu de l'ancienne famille des sieurs Sevin habitués depuis longtemps dans notre bonne ville de Paris et honorés des principales charges de nos Cours souveraines et qu'il soit fils du feu sieur Eleazard Sevin, seigneur desdits lieux de Troigny et de Champgasté, chevalier dudit ordre de Sᵗ Michel et lieutenant de nos gendarmes sous le sieur comte de Créance. Lequel Eleazard Sevin a rendu de très grands services à l'Etat et à nos prédécesseurs Roys, notamment au feu Roy Henri IV, notre ayeul, durant les troubles de la ville d'Orléans, il s'en soit généralement retiré avec perte de ses biens et charges, même sans aucune récompense ; et depuis, s'étant jetté dans la guerre, il y auroit reçu plusieurs blessures et en ce qu'il contribua puissamment à la réduction de la ville d'Orléans, estant alors maréchal des logis dans la compagnie d'ordonnance dudit sieur Créance, dont il fut depuis lieutenant. Ensuite de quoy le feu Roy notre très honoré seigneur et père de glorieuse mémoire l'honora de notre ordre de Sᵗ Michel, en considération de ses recommandables services, qu'il avoit pareillement rendus durant la minorité et particulièrement au secours du Fort Louis, ainsi qu'il en est certifié par la commission du feu sieur Duc de Brissac, lors lieutenant général en Bretagne et par les lettres propres du feu Roy notre père et celle de la Reine Marie, notre très honorée Dame et ayeule. Lesquelles l'exposant ayant reconnues, il auroit à l'imitation de ses prédécesseurs passé toute sa vie dans une profession et actions pleines d'honneur et accompagné d'emplois et commissions très importantes, dans lesquelles il a semblablement rendu des services considérables au feu Roy, notre très honoré seigneur et père et à Nous. Et comme en l'année mil six cens trente trois, l'exposant n'avoit pu en conscience recouvrer tous les titres et actes concernant sa dite extraction noble, non plus que ceux des services des siens, il auroit, pour une sûreté plus entière à sa famille, obtenu du feu Roy, Notre Seigneur et père, ses lettres d'annoblissement, en date du mois d'août audit an 1633, tant pour lui que pour feu Michel Sevin, sieur de la Pommeraye son frère, aussi chevalier de notre ordre de saint Michel. Lesquelles ont été vérifiées au besoin ; il a été depuis ce temps, année 1633 en laquelle il nous auroit très utilement servi, comme il fait encore de présent, avec une affection et une fidélité inviolables, même tous ses enfans, dans nos armées. Notamment François Sevin, l'un d'iceux, étant en l'année 1655 volontaire dans la citadelle de Calais et Cornette en 1656 et 1657, lieutenant en 1658 et 1659, capitaine de cavalerie au régiment de Coislin en 1659 et 1660, et volontaire en la présente année 1667, ainsi qu'il le justifie par actes signés de la main de notre très cher et amé cousin, le duc de Coislin. Semblablement René Sevin, fils dudit Michel Sevin, se seroit jetté dans nos armées et servi en les années 1654, 1655 et 1656, en qualité de l'un des commissaires de notre artillerie, comme il paroît par les certificats du sieur Comte de Cossé, et en l'année 1657, en ladite qualité de commissaire, aussi certifiée par le sieur marquis de Birague, et cornette en 1658 et 1659. Et depuis a toujours continué en qualité de lieutenant en nos regiments de cavalerie, comme il appert par nos commissions de nous signées. Mais d'autant que par notre déclaration du mois de septembre 1664, Nous avons révoqué toutes les lettres de noblesse expédiées depuis le 1er janvier 1634 et que par arrêt donné le 13 janvier dernier en notre Conseil d'Etat, Nous y étant, Nous avons ordonné que tous les nobles, par lettres du 1er janvier 1611 jusqu'au jour de notre déclaration du mois de septembre 1664, seront imposés aux baillis, à l'exception de ceux qui obtiendront nos lettres de confirmation de leur noblesse.

C'est pourquoi l'exposant nous a très humblement supplié de le vouloir relever, en tant que besoin il en seroit, de la rigueur tant de notre déclaration que dudit arrêt, et à cette fin lui accorder nos Lettres de confirmation de leur noblesse. C'est pourquoy l'exposant vous a très humblement supplié de le vouloir. Que, mettant en considération les longs et recommandables services que l'impétrant, son dit frère, leurs enfants et auteurs nous ont rendus et à cet Etat, Nous, de Notre propre mouvement, avons confirmé et confirmons, par ces présentes signées de Notre main, les dites Lettres d'Annoblissement du mois d'aoust 1633, y attachées sous le contre scel de notre chancellerie, pour en jouir par l'exposant, ses enfants, ceux dudit Michel, leur postérité et lignée, tant mâles que femelles, nés et à naître en loyal mariage, aux honneurs, arrêts, prérogatives, prééminences, franchises, libertés, exemptions, immunités et autres advantages portés par ledit annoblissement, dont jouissent et ont accoutumé de jouir les autres nobles de Notre Royaume et ceux qui sont issus de noble et ancienne Race, sans que pour raison de la présente confirmation, ils soient tenus de nous payer pour Nous et Nos successeurs Roys aucune finance. De laquelle somme, quelle puisse être ou montrer, nous leur avons fait, faisons don et remise par ces dites présentes, nonobstant ladite recommandation ou renovation portée par notre déclaration de 1664 et arrêt de notre Conseil d'Etat dudit jour 13e janvier dernier. Ce quoy avons dérogé et dérogeons pour ce regard en la considération des services dudit impétrant, ses dits enfants et dudit Michel Sevin, son frère.

Sy donnons et mandons à nos amés et féaux conseillers les gens tenant notre Cour des Aides à Paris, présidens et procureurs généraux de France, et présidents de nos Finances audit lieu, et à tous autres nos officiers qu'il appartiendra, que ces présentes ils aient à faire registrer et reconnoistre et de leur contenu jouir et user pleinement, paisiblement et perpétuellement, ledit sieur impétrant, enfants et descendants et ceux dudit Michel Sevin, tant mâles que femelles, nés et à naître en loyal mariage, nonobstant Vous édits, ordonnances, réglements, arrêts, loys et quelconques choses à ce contraires, même à ce qui est porté par notre déclaration dudit mois de septembre 1664 et par nos dits arrêts du 13e janvier dernier. A quoy dit est Nous avons dérogé et dérogeons pour ce regard par lesdites présentes. Car tel est notre bon plaisir ; et afin que ce soit chose ferme et stable à toujours, Nous avons fait mettre notre scel à ces dites présentes, sauf en autre chose notre droit et sentence et en toutes. Donné à Paris au mois de décembre de l'an de grâce mil six cent soixante sept et de notre règne le 20e. — Pour le Roy, Le Tellier (avec le sceau du roy en cire).

                                                            Signé : LOUIS ».

Extrait des Registres de la Cour des Aydes (Parchemin collationné
sur l'original. — Arch. de Sevin).

Entre Martial-Armand de Sevin, Ecuyer, seigneur du Pécille, demandeur en requette
du neuf mars mil sept cens cinquante quatre, tendante à ce qu'il plaise à la Cour ordonner
que son nom sera rayé et biffé de la colonne des Collecteurs du Tableau de la présente
année de la ville et jurisdiction du Port Sainte Marie, où il a été porté ; en conséquence
le maintenir dans sa qualité d'Ecuyer et la jouissance des privilèges de la noblesse ; ce
faisant, que son nom soit mis à l'avenir dans la colonne des Exempts du Tableau de la
ville et jurisdiction, le tout avec dépens, d'une part ; et les Maire et Consuls de la
ville et jurisdiction du Port Ste Marie en charge, de la présente année, deffendeurs et
autrement demendeurs aux fins de leur requette du vingt cinquième may présente année,
tendante à ce qu'attendû qu'ils n'ont fait que satisfaire à l'arrêt de la Cour du neufvième
Décembre mil sept cens cinquante deux, ils soient relaxés de l'assignation à luy donnée,
avec dépens, d'autre. Veu le procès en deux sacs et productions ; requette dudit sieur
Sevin contenant sa demande, répondue à l'ordonnance de la Cour portant fasse ; ensemble
la commission et exploits donnés aux dits Consuls, des neuf, douze et quinze mars
dernier ; Contract de mariage d'entre Herman de Sevin et Jeanne Dupin, dans lequel
ledit Sevin s'est qualiffié de noble et d'Ecuyer, et y a procédé de l'avis de Nicolle de
Vaurs, veuve de noble Guillaume Sevin, énoncé père du dit Herman de Sevin, du treize
juillet mil six cens vingt quatre, retenu par Mausacré, notaire royal ; autre contract de
mariage d'entre Charles de Sevin et Margueritte de Mucy, par lequel ledit Charles de
Sevin a pris la qualité d'écuyer et de capitaine au régiment de Rambure et de fils naturel
et légitime de noble Herman de Sevin, Ecuyer, et feue demoiselle Jeanne Dupin de
Ganet, dans lequel il paroit encore qu'il a procédé du vouloir, consentement et authorité
dudit sieur Herman de Sevin, son père, du vingt novembre mil six cents septante un,
retenu par Ceberet, notaire royal ; autre contract de mariage d'entre Pierre de Sevin et de
Jeanne du Lion, par lequel ledit Pierre Sevin s'est qualiffié de noble, seigneur du Pécille,
Despiens et de Queyssac, et de fils naturel et légitime de noble Charles de Sevin et de
Dame Margueritte de Mucy, ses père et mère présents au dit contract, qui luy consti-
tuèrent la moitié de leurs biens, du dernier aoust mil sept cens un, retenu par Rebel,
notaire Royal ; autre contract de mariage dudit Martial Armand de Sevin et Marie
Metge, dans lequel il s'est nommé Ecuyer et fils naturel et légitime de feus Me Pierre de
Sevin, Ecuyer, seigneur du Pécille, et de Dame Jeanne de Lion, du vingt trois may mil
sept cens trente six, retenu par Plantey, notaire royal : lesdits contracts raportés par
ledit sieur de Sevin pour justiffier de sa requette et de sa noblesse et filiation ; dire dudit
sieur de Sevin, contenant ses plus amples raisons, du vingt cinq may mil sept cens
cinquante quatre ; homage du fief de Pécille rendu par ledit sieur de Sevin, du trois
septembre mil sept cens cinquante un ; ordonnance du Bureau des Trésoriers portant la
main levée provisoire des fruits dudit fief, du quatre aoust mil sept cens quarante neuf,
produit par ledit sieur de Sevin pour justiffier de son dire ; Requette desdits Maire et
Consuls contenant leurs moyens de Rellaxance du vingt cinq may mil sept cens cinquante
quatre ; arrêt de la Cour qui enjoint aux Consuls et Collecteurs des pays des Tailles

réelles d'imposer sur les Rolles des Tailles les fonds prétendus nobles, faulte par les propriétaires d'avoir remis et communiqué leurs Tiltres de nobilité à Monsieur le Procureur Général du premier septembre mil sept cens quarante deux; autre arrêt de la Cour, portant que les prétendus nobles qui n'auront pas communiqué leurs tittres à Monsieur le Procureur Général et notiffié la remise aux Communautés seront comprins dans le Tableau de chaque paroisse à la colonne des collecteurs, à peine, contre les Jurats, Consuls et Collecteurs, de cinquante livres, du neuf décembre mil sept cens cinquante deux; autre arrêt de la Cour qui casse le Tableau de la Communauté du Port Ste Marie pour la présente année, ordonne qu'il sera procédé à un nouveau recollement, dans lequel et à la colonne des collecteurs, seront portés tous les prétendus nobles qui n'auront pas satisfait à la remise de leurs Tittres, du dix-neuf décembre mil sept cens cinquante trois : lesquels trois arrêts sont raportés par les Maire et Consuls pour justiffier de leur Rellaxance; arrêt de la Cour qui apointe le procès en droit, du vingt neuf may mil sept cens cinquante quatre; distribution du procès faitte à Monsieur Gobineau, conseiller du Roy en la Cour, du trente dudit mois; requette dudit sieur de Sevin, contenant ses plus amples raisons dudit jour; dire de la dite Communauté du Port Ste Marie, responsif, du douze juin audit an; dire dudit sieur de Sevin, du trois juillet audit an; ordonnance du Juge mage d'Agen portant fixation de la portion que ledit sieur de Sevin devoit suporter de la somme affectée au sieur Lapoujade comme député de la noblesse pour assister à l'assemblée des Etats Généraux convoqués à Paris, du dix décembre mil six cen. vingt quatre, signé Boissonnade, commissaire, ayant au dos le : Veu Bon du sieur Dupuy, commissaire subdélégué; certifficat de Monsieur le maréchal d'Albret, portant que le sieur de Sevin de Ganet servoit sous luy en qualité de noble, à la convocation de la noblesse, du quatre juillet mil six cens septante quatre, signé : le maréchal d'Albret; extrait du cadastre de la ville et jurisdiction du Port Sainte Marie, qui remonte à l'année mil sept cens douze, justificatif que le sieur Pierre de Sevin y est compris avec la qualité d'Ecuyer, de même que Charles de Sevin : ledit extrait signé Grimont, secrétaire de la Communauté, et controllé par Laborie, avec l'acte à droit fait à la requette dudit Sevin auz fins du jugement du Procès, du trente un may mil sept cens cinquante quatre; Ensemble les conclusions du Procureur Général du Roy, signé Maignol. Et sur le tout ouy le raport du sieur de Gobineau, conseiller du Roy en la Cour, et tout considéré DIT A ETE que la Cour, sans avoir égard à chose ditte ou alléguée par le dit de Sevin contre les Maire et Consuls du Port Ste Marie, a relaxé et relaxe les dits Maire et Consuls de l'Assignation à eux donnée, ledit jour quinze mars dernier, et autres fins et conclusions contre eux prises par ledit de Sevin; néanmoins faisant droit des plus amples conclusions dudit de Sevin, a ordonné et ordonne que le nom dudit de Sevin sera rayé et biffé du Tableau de la Communauté du Port Sainte Marie de la présente année, et de la Colonne de ceux destinés à la collecte, où il a été mis, et qu'il sera porté à l'avenir dans la colonne des Nobles et Exempts de Collectes. En conséquence, ladite Cour l'a maintenu et maintient dans sa qualité d'Ecuyer et des privilèges y attachés. Condamne ledit de Sevin aux dépens envers lesdits Maire et Consuls du Port Sainte Marie. — Dit aux parties, Bordeaux, en la Cour des Aydes et Finances de Guienne, le Troisième aoust mil sept cens cinquante quatre. — Collationné : Leydet.

Testament de Pierre Sevin, prieur de N.-D. de Pont-sur-Seine (Branche de L'Auberdière. — V. p. 59). 1ᵉʳ octobre 1627.

Ce testament olographe est fort curieux et touchant. Il fait connaître les grandeurs et épreuves de la famille du prieur. En voici une analyse sommaire et un extrait intéressant.

Il dispose de ses biens, en indiquant diverses substitutions éventuelles, afin que son hoirie demeure toujours entre les mains d'un mâle de sa famille, et, après avoir fait quelques legs à ses sœurs, il prie celles-ci de ne point être froissées par l'inégalité de ses dispositions : « atendu qu'elle ne procède d'aucune inégalité d'afection, mais d'un « amour particulier qu'il porte au nom de sa famille, laquelle avoit été grandement « afoiblie et abaissée du rang qu'elle tenoit autrefois dans la ville d'Orléans, lieu de leur « origine. En considération de quoy, il s'est mesme privé de ses contentemens et d'une « plus pleine jouissance qu'il leur eut pu donner pendant sa vie, espérant que Dieu « béniroit son dessein qui n'étoit que pour manifester Sa gloire en la compation qu'il a « eue d'une pauvre famille humiliée par Sa providence et relevée par Sa bonté et par le « ministère du testateur... »

TABLE DES MATIÈRES

www.ingramcontent.com/pod-product-compliance
Lightning Source LLC
Chambersburg PA
CBHW052036270326
41931CB00012B/2511